Robert Knop

I0018561

Geschäftsprozeßoptimierung im Rahmen der Beschaffu
einer DV-gestützten Materialdisposition bei einem mitte
timenter mit Hilfe der Standardsoftware SAP R/3

Robert Knop

Geschäftsprozeßoptimierung im Rahmen der Beschaffung und Produktivsetzung einer DV-gestützten Materialdisposition bei einem mittelständischen Baumarktsortimenter mit Hilfe der Standardsoftware SAP R/3

diplom.de

Bibliografische Information der Deutschen Nationalbibliothek:

Bibliografische Information der Deutschen Nationalbibliothek: Die Deutsche Bibliothek verzeichnet diese Publikation in der Deutschen Nationalbibliografie; detaillierte bibliografische Daten sind im Internet über http://dnb.d-nb.de/ abrufbar.

Dieses Werk sowie alle darin enthaltenen einzelnen Beiträge und Abbildungen sind urheberrechtlich geschützt. Jede Verwertung, die nicht ausdrücklich vom Urheberrechtsschutz zugelassen ist, bedarf der vorherigen Zustimmung des Verlages. Das gilt insbesondere für Vervielfältigungen, Bearbeitungen, Übersetzungen, Mikroverfilmungen, Auswertungen durch Datenbanken und für die Einspeicherung und Verarbeitung in elektronische Systeme. Alle Rechte, auch die des auszugsweisen Nachdrucks, der fotomechanischen Wiedergabe (einschließlich Mikrokopie) sowie der Auswertung durch Datenbanken oder ähnliche Einrichtungen, vorbehalten.

Copyright © 1998 Diplomica Verlag GmbH
Druck und Bindung: Books on Demand GmbH, Norderstedt Germany
ISBN: 978-3-8386-4007-5

http://www.diplom.de/e-book/219642/geschaeftsprozessoptimierung-im-rahmen-der-beschaffung-und-produktivsetzung

Robert Knop

Geschäftsprozeßoptimierung im Rahmen der Beschaffung und Produktivsetzung einer DV-gestützten Materialdisposition bei einem mittelständischen Baumarktsortimenter mit Hilfe der Standardsoftware SAP R/3

Diplomarbeit
an der Universität Passau
Wirtschaftswissenschaftliche Fakultät
Lehrstuhl für Lehrstuhl für Wirtschaftsinformatik, Prof. Dr. Kleinschmidt
März 1998 Abgabe

Diplom.de

Diplomica GmbH
Hermannstal 119k
22119 Hamburg

Fon: 040 / 655 99 20
Fax: 040 / 655 99 222

agentur@diplom.de
www.diplom.de

ID 4007

ID 4007
Knop, Robert: Geschäftsprozeßoptimierung im Rahmen der Beschaffung und
Produktivsetzung einer DV-gestützten Materialdisposition bei einem mittelständischen
Baumarktsortimenter mit Hilfe der Standardsoftware SAP R/3
Hamburg: Diplomica GmbH, 2001
Zugl.: Passau, Universität, Diplomarbeit, 1998

Dieses Werk ist urheberrechtlich geschützt. Die dadurch begründeten Rechte,
insbesondere die der Übersetzung, des Nachdrucks, des Vortrags, der Entnahme von
Abbildungen und Tabellen, der Funksendung, der Mikroverfilmung oder der
Vervielfältigung auf anderen Wegen und der Speicherung in Datenverarbeitungsanlagen,
bleiben, auch bei nur auszugsweiser Verwertung, vorbehalten. Eine Vervielfältigung
dieses Werkes oder von Teilen dieses Werkes ist auch im Einzelfall nur in den Grenzen
der gesetzlichen Bestimmungen des Urheberrechtsgesetzes der Bundesrepublik
Deutschland in der jeweils geltenden Fassung zulässig. Sie ist grundsätzlich
vergütungspflichtig. Zuwiderhandlungen unterliegen den Strafbestimmungen des
Urheberrechtes.

Die Wiedergabe von Gebrauchsnamen, Handelsnamen, Warenbezeichnungen usw. in
diesem Werk berechtigt auch ohne besondere Kennzeichnung nicht zu der Annahme,
dass solche Namen im Sinne der Warenzeichen- und Markenschutz-Gesetzgebung als frei
zu betrachten wären und daher von jedermann benutzt werden dürften.

Die Informationen in diesem Werk wurden mit Sorgfalt erarbeitet. Dennoch können
Fehler nicht vollständig ausgeschlossen werden, und die Diplomarbeiten Agentur, die
Autoren oder Übersetzer übernehmen keine juristische Verantwortung oder irgendeine
Haftung für evtl. verbliebene fehlerhafte Angaben und deren Folgen.

Diplomica GmbH
http://www.diplom.de, Hamburg 2001
Printed in Germany

I. INHALTSVERZEICHNIS

E/013/98

2 Das Unternehmen, der Markt und das DV-System

2.1 Das Unternehmen Wiedenhagen GmbH

Die G. Wiedenhagen GmbH, nachstehend „Wiedenhagen" genannt, ist ein führender Sortimenter von Baustoffen und Bausystemen in Deutschland. Die Gesellschaft beliefert Baumarkt-Ketten sowie einen kleinen Teil des traditionellen Baustoff-Fachhandels mit Baustoffen und Do-it-yourself-Artikeln (DIY).

Wiedenhagen rechnet sich dem Mittelstand zu. 120 Mitarbeiter haben im Jahr 1996 zu einem Umsatz von ca. DEM 150 Mio. beigetragen. Die Gesellschafter der Firma sind jeweils zu 50% Bernd Gerres als geschäftsführender Gesellschafter und die auf den Gebieten Chemie, Baustoffe und Bauausführungen tätige Rütgers AG, Essen, eine Tochter der Ruhrkohle AG. Der Sitz der Verwaltung befindet sich in Weilerswist.

Die Gesellschaft wuchs seit der Gründung 1967 sehr schnell aufgrund der steigenden Nachfrage im Absatzkanal der Bau- und Heimwerkermärkte. Seit 1985 betrug der jährliche Umsatzzuwachs durchschnittlich 10%. Das Wachstum machte die Eröffnung weiterer Niederlassungen und Kapazitätserweiterungen notwendig. Im Jahr 1991 erwarb Wiedenhagen 74,9% der Anteile an der Rudolf Pfeffer GmbH, Stockstadt, die nachfolgend in Wiedenhagen-Pfeffer GmbH (WP) umbenannt wurde.

Die wesentlichen Warengruppen des Angebots sind Dämmstoffe, bituminöse Baustoffe, chemische Baustoffe, Rohbaustoffe, Baustoffe für den Innenausbau, Bauelemente, Gartenbauartikel, Gartenmöbel, Heimwerker-Bedarf sowie Komplettsysteme für Küchen und Bäder. Den Großteil dieses Sortiments stellen Markenartikel deutscher Lieferanten dar. Bedeutende ausländische Bezugsländer sind insbesondere Slowenien, Rumänien, Tschechien und die Ukraine. Zunehmend erlangen auch asiatische Länder, z.B. China, an Bedeutung.

Um seine logistische Dienstleistung für das gesamte Bundesgebiet zu erfüllen, unterhält Wiedenhagen vier Standorte. Diese befinden sich in Weilerswist (bei Köln), Stockstadt am Rhein (bei Darmstadt), Hannover und Schkopau (bei Halle, Sachsen). Der Fuhrpark umfaßt ca. 50 Lkw, zu Spitzenzeiten werden zusätzlich Spediteure eingesetzt.

Das dritte Kapitel schafft zunächst die Grundlage für das Verständnis der Geschäftsprozeßoptimierung. Es werden die wesentlichen Konzepte der Literatur diskutiert und die Vorteile, die das Unternehmen von einer Optimierung erwartet, vorgestellt. Der Geschäftsprozeß Warenbeschaffung wird daraufhin vom Einkauf bis zur Kreditorenbuchhaltung begleitet.

Den Schwerpunkt dieser Arbeit bildet das Kapitel vier, nämlich die Produktivsetzung der DV-gestützten Materialdisposition. Zunächst werden theoretische Grundlagen vermittelt und das Potential des R/3-Systems aufgezeigt. Die weiteren Ausführungen betreffen die konkrete Umsetzung bei Wiedenhagen. Dazu gehören die Formulierung des Projekts und der Rahmenbedingungen, die Auswahl der Dispositionsverfahren, die Analyse der Materialien im Unternehmen, die bedarfsgerechte Anpassung des R/3-Systems, die Anwendung der DV-gestützten Materialdisposition im Tagesgeschäft, die Erfassung von Problemen und Vorstellung von Lösungsansätzen in der Umsetzungsphase sowie die Unterbreitung von Vorschlägen zur Verfahrensoptimierung und zur Erfolgskontrolle.

Das fünfte Kapitel geht auf die für die effiziente Nutzung des R/3-Systems erforderlichen Schulungsmaßnahmen ein.

Im letzten Kapitel wird die zukünftige Entwicklung bei Wiedenhagen im DV-Bereich skizziert und ein Fazit gezogen.

Aufgrund der Komplexität und Breite des Themas waren Vereinfachungen und Einschränkungen notwendig. Auf die Darstellung der für die Gesellschaft nicht vorrangig relevanten Themengebiete, z.B. Modelle zur Berechnung der optimalen Bestellmenge, wurde verzichtet. Soweit möglich, wurden Beispiele zur Illustration verwendet.

Die Ausführungen bezüglich R/3 beziehen sich auf das Release 2.2 I. Menüpfade und Feldbezeichnungen werden kursiv dargestellt. Sofern ein Menüpunkt über einen Transaktionscode aufrufbar ist, wird dieser in eckigen Klammern angegeben.

Um den zukünftigen Anforderungen zu begegnen, hat der Sortimenter G. Wiedenhagen GmbH sein veraltetes DV-System durch die integrierte Standardsoftware SAP R/3 ersetzt. Aufgrund der nicht ausreichenden personellen und finanziellen Ressourcen sowie des Vorrangs des Tagesgeschäfts wurden in der Einführungsphase zunächst nur die bisherigen, eingefahrenen Geschäftsabläufe abgebildet. Die historischen Abläufe werden dadurch jedoch lediglich angepaßt ausgeführt, die kostenintensive Umstellung erschließt noch nicht das volle Wettbewerbspotential der Mitarbeiter und des Systems. Die Gesellschaft plant nun eine umfassende Restrukturierung der Geschäftsprozesse.

1.2 Zielsetzung

Die G. Wiedenhagen GmbH verfügt am Standort Stockstadt seit August 1995 über das R/3-System. Im Rahmen einer einjährigen Anstellung begann der Autor Ende 1996, sich mit den eingeführten Komponenten Finanzwesen, Materialwirtschaft und Vertrieb vertraut zu machen. Die bestehenden Geschäftsprozesse wurden vom Verfasser analysiert, dokumentiert und in Schulungsunterlagen zusammengefaßt. Diese Aufzeichnungen dienten Anfang 1997 als Basis für die Einführung des Systems an den übrigen Standorten der Gesellschaft, die der Autor u.a. durch interne Schulungen der Mitarbeiter begleitete.

Vor diesem Hintergrund entstand die vorliegende Diplomarbeit mit der Zielsetzung, am Beispiel der Warenbeschaffung einen durchgehenden Geschäftsprozeß transparent darzustellen, Optimierungsvorschläge zu entwickeln und eine DV-gestützte Materialdisposition zu implementieren. Konkret waren die Bestellvorgänge und Materialien im Unternehmen zu analysieren und das System derart zu konfigurieren, daß eine automatische Überwachung der Warenbestände vorgenommen und lieferantenbezogene Bestellvorschläge unterbreitet werden.

1.3 Vorgehensweise

Das zweite Kapitel stellt das Umfeld der Diplomarbeit vor. Dazu gehören das Unternehmen, die wirtschaftlichen Rahmenbedingungen und das DV-System.

1 Einleitung

1.1 Problemstellung

Nach mehr als einem Jahrzehnt des Wachstums stehen dem deutschen Baustoffhandel in den nächsten Jahren schwere Zeiten bevor. Der konjunkturelle Abschwung in der Bauindustrie hat den Handel bereits voll erfaßt, die Preise für Baustoffe waren in den Jahren 1996 und 1997 zusammengenommen um rund 15% rückläufig.[1] Aggressiver Verdrängungswettbewerb und die stark angestiegene Zahl von Konkursen insbesondere bei mittelständischen Unternehmen belasten die Ertragssituation und beschleunigen damit den Konzentrationsprozeß in der Branche in bislang unbekanntem Maße.[2] Durch die künftige Währungsunion in Europa wird es eine deutlich bessere Preistransparenz geben, die den Wettbewerb im Baustoffhandel weiter forcieren wird.

Zwischen den Herstellern von Baustoffen und dem Baustoffhandel existiert ein großer Markt verschiedener Zwischenstufen und Dienstleistungen. Logistische Funktionen wie Lagerung, Kommissionierung und Transport werden z.T. von Spediteuren und von mittelständischen Unternehmen erfüllt, die man als Sortimenter (Sortimentsgroßhandel) bezeichnet. Das Leistungsprofil eines Sortimenters darf in einem derart kritischen wirtschaftlichen Umfeld nicht statisch sein, sondern bedarf aktiver und permanenter Anpassung an die zukünftigen Anforderungen des Marktes.

Die Dienstleistung des Transports tritt zunehmend in den Hintergrund, in der Branche steht man bedingt durch niedrige Margen vor einer grundlegenden "Dienstleistungsoffensive".[3] Computergestützte Systeme zur Bewältigung der Routinetätigkeiten und zur Erarbeitung von Entscheidungshilfen, elektronischer Datenaustausch (EDI), automatische Datenerfassung im Lager (ADC), ganzheitliche Optimierungsansätze wie Efficient Consumer Response[4] (ECR) gewinnen dabei unaufhaltsam an Bedeutung.

---

[1] Vgl. Handelsblatt (1997), S. 18
[2] Vgl. Handelsblatt (1996), S. 17; vgl. Handelsblatt (1997), S. 18
[3] Vgl. Handelsblatt (1997), S. 18
[4] Vgl. ebenda

V. VORWORT

An dieser Stelle bedanke ich mich bei der G. Wiedenhagen GmbH und den Mitarbeitern der Gesellschaft für ihre freundliche Aufnahme und Unterstützung während der Durchführung dieser Arbeit, zugleich auch für die umfassende kaufmännische Fortbildung, die ich dabei wahrnehmen konnte.

Mein Dank gilt insbesondere der Geschäftsleitung, Herrn Gerres und Herrn Pfeffer, für die Zustimmung zu diesem Thema sowie für ihre Förderung während der gesamten Zeit.

Weiterhin danke ich für Rat, Anregung und Hilfe Herrn Kleinböhl, Leiter der Abteilung DV & Organisation, Wiedenhagen GmbH, und Herrn Wittenschläger von der Ruhrinformatik AG.

$S_{(t)}$	Saisonindex der Periode t
s.	siehe
S.	Seite
SAP	Systeme, Anwendungen und Produkte in der Datenverarbeitung
SB	Sicherheitsbestand
SD	Sales and Distribution (Vertrieb, SAP R/3 Modul)
sog.	sogenannte
t	laufende Periode
T	Trendmodell
$T_{(t)}$	Trendwert der Periode t
Tab.	Tabelle
TDEM	Tausend Deutsche Mark
TS	Tracking-Signal
u.a.	unter anderem
u.U.	unter Umständen
UH	Umschlagshäufigkeit
usw.	und so weiter
V	Vorschlagswert im Profil
$V_{(t)}$	Verbrauchswert der Periode t (tatsächlich aufgetretener Verbrauch)
v.a.	vor allem
VB	Manuelle Bestellpunktdisposition
vgl.	vergleiche
VIS	Vertriebsinformationssystem
VM	Maschinelle Bestellpunktdisposition
VV	Stochastische Disposition
W-BEST	Verfügbarer Werksbestand
WE/RE	Wareneingang / Rechnungseingang
WertMi-Bestand	Wert des mittleren Bestands
WP	Wiedenhagen-Pfeffer
X	Trend-Saisonmodell
z.B.	zum Beispiel
z.T.	zum Teil

LGV	Losgrößenverfahren
LIEFER	Lieferung
LIS	Logistikinformationssystem
Lkw	Lastkraftwagen
L-Zeit	Planlieferzeit
$M_{(t+1)}$	Mittelwert bzw. Vorhersagewert für die nächste Periode
MAD	mittlere absolute Abweichung
Mat-Nr	Materialnummer
max.	maximal
MB	Meldebestand
MDE	Mobile Datenerfassung
ME	Basismengeneinheit
MinBst	Mindestbestand
Mio.	Million
MM	Materials Management (Materialwirtschaft, SAP R/3 Modul)
Mrd.	Milliarde
MS	Materialstammsatz
MSM	logische Datenbank in der Materialwirtschaft
n	konstante Periodenzahl, die in die Rechnung einbezogen wird
NETCH	Net-change-Verfahren bzw. Veränderungsplanung
NETPL	Veränderungsplanung im kurzfristigen Planungshorizont
NEUPL	Neuplanung
Nr.	Nummer
o.A.	ohne Angabe
o.S.	ohne Seitenangabe
o.V.	ohne Verfasser
$P_{(t)}$	Prognosewert der Periode t
PC	Personal Computer
PD	Plangesteuerte Disposition ohne Stücklistenauflösung
PM	Prognosemodell
PR-BED	prognostizierter Bedarf
Prof.	Professor
R/3	Realtime-System, Version 3 (Produktbezeichnung der SAP)
Rund.	Rundungswert
S	Saisonmodell

EAN	Internationale Artikelnummer
EANCOM	European Articlenumbering Organisation
ECR	Efficient Consumer Response
EDI	Electronic Data Interchange
EDIFACT	Electronic Data Interchange for Administration, Commerce and Transport
EDV	Elektronische Datenverarbeitung
EKOR	Einkaufsorganisation
EKS	Einkaufsinformationssystem
etc.	et cetera
evtl.	eventuell
EX	Exakte Losgröße (Losgrößenverfahren)
F	Festwert im Profil
f.	folgende
FI	Financial Accounting (SAP R/3 Modul)
FS	Fehlersumme
FX	Feste Bestellmenge (Losgrößenverfahren)
Gesamt-vbrwert	Gesamtverbrauchswert
ggf.	gegebenenfalls
GmbH	Gesellschaft mit beschränkter Haftung
HAWA	Handelsware
HB	Auffüllen bis zum Höchstbestand (Losgrößenverfahren)
HGB	Handelsgesetzbuch
HR	Human Ressources (SAP R/3 Modul)
hrsg.	herausgegeben
Hrsg.	Herausgeber
i	Vorhersagehorizont
i.d.R.	in der Regel
IDoc	Intermediate Document
IMG	Implementation Guide (Einführungsleitfaden)
inkl.	inklusive
Jg.	Jahrgang
K	Konstantmodell mit Anpassung der Glättungsfaktoren
K-AUFT	Kundenauftrag
LBG	Lieferbereitschaftsgrad

IV. ABKÜRZUNGSVERZEICHNIS

α	Alphafaktor bzw. Glättungsfaktor für den Grundwert
β	Betafaktor bzw. Glättungsfaktor für den Trendwert
γ	Gammafaktor bzw. Glättungsfaktor für den Saisonwert
δ	Deltafaktor bzw. Glättungsfaktor für den MAD
σ	Standardabweichung SIGMA
ABAP/4	Advanced Business Application Programming der 4. Generation
Abb.	Abbildung
ABC	ABC-Klassifikation
Abg	Abgänge
ADC	Automatic Data Capture
AG	Aktiengesellschaft
AM	Ausnahmemeldung
APS	Anzahl der Perioden pro Saisonzyklus
ASCII	American Standard Code for Information Interchange
BANF	Bestellanforderung
BB	Bewerteter Bestand
BewBst	Bewerteter Bestand
BS-ANF	Bestellanforderung
BS-EIN	Bestellung
bspw.	beispielsweise
bzw.	beziehungsweise
ca.	circa
CN	keine Disposition bzw. manuelle Disposition
CO	Controlling (SAP R/3 Modul)
CRP	Continuous Replenishment
D	Konstantmodell ohne Anpassung der Glättungsfaktoren
d.h.	das heißt
DEDIG	Deutsche EDI Gesellschaft e.V.
DEM	Deutsche Mark
DIY	Do-it-yourself
DM	Dispositionsmethode bzw. Dispositionsverfahren
Dr.	Doktor
DV	Datenverarbeitung
e.V.	eingetragener Verein

III. TABELLENVERZEICHNIS

II.   ABBILDUNGSVERZEICHNIS

2.2 Struktur des Baustoffhandels in Deutschland

Die Baustoffindustrie zählt zu den umsatzstärksten Branchen in Deutschland.[5] Die Versorgung des deutschen Marktes mit Baustoffen erfolgt über Direktlieferungen der Baustoffindustrie und über den Baustoffhandel. Die Vertriebswege sind in Abb. 1 vereinfacht dargestellt.[6]

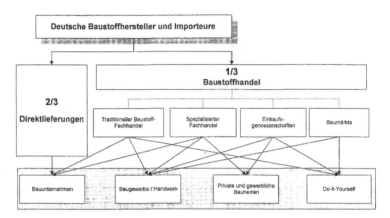

Abb. 1: Vertriebswege für Baustoffe

Rund zwei Drittel des Umsatzes, den deutsche Hersteller mit Baustoffen haben (zuzüglich der Lieferungen von Importeuren), erfolgt in Form von Direktlieferungen, ein Drittel erfolgt über den Baustoffhandel.

Der Bereich des Baustoffhandels läßt sich untergliedern in den traditionellen Baustoff-Fachhandel, den spezialisierten Fachhandel (z.B. Fliesen- und Holzfachhandel), die Einkaufsgenossenschaften und die Bau- und Heimwerkermärkte. In neuerer Zeit diversifizieren auch Möbelhäuser in Teilbereiche des Baustoffhandels, z.B. in Bad- und Gartenbereich.[7] Während der forcierte Verdrängungswettbewerb in der Lebensmittelbranche schon zu klaren Marktführerschaften geführt hat,[8] findet man im Baustoffhandel noch eine Vielzahl heterogener, mittelständischer Strukturen[9].

---

[5] Vgl. BBE (1997)
[6] Eigene Zusammenstellung aus Daten der BBE (1997)
[7] Vgl. BBE (1997)
[8] Vgl. Vahrenkamp (1996), S. 289; vgl. Barth (1996), S. 7 f.
[9] Vgl. Handelsblatt (1997), S. 18

Dem traditionellen Baustoff-Fachhandel kommt aufgrund seines Geschäftsumfangs eine besondere Bedeutung zu. 1996 waren in diesem Bereich mehr als 1.700 meist mittelständische Unternehmen tätig.[10] Im wesentlichen versorgen sich industrielle Kunden und Handwerker über diesen Vertriebsweg. Private Kunden haben bei differenzierter Preisfindung und Barzahlung einen Anteil von rund 30%.[11]

Baumärkte sind überwiegend im Besitz von Großunternehmen bzw. großen Aktiengesellschaften, der Kundenkreis besteht hauptsächlich aus Privatpersonen.[12] Die Tab. 1 zeigt den Umsatz der Marktführer in Deutschland im Jahre 1996.[13]

Rang Nr.	Vertriebsschiene (Typ)	Anzahl Filialen	Brutto-Umsatz in Mio. DEM
1	OBI	375	5.014
2	Praktiker	222	4.249
3	Bauhaus	151	3.500
4	Hagebau	298	2.486
5	Stinnes	141	2.110
6	Hornbach	128	1.871
[7	Götzen	134	1.870][14]
8	Max Bahr	o.A.	1.324
9	Globus	o.A.	1.176
10	Marktkauf	o.A.	1.130

Tab. 1: Führende Baumarktunternehmen in Deutschland

Mit einem Umsatzvolumen von rund 60 Mrd. DEM war die deutsche Baumarkt- und Heimwerkerbranche 1994 fast genau so groß wie die Märkte in Frankreich (26 Mrd. DEM), Großbritannien (23,8 Mrd. DEM), Spanien (5,6 Mrd. DEM) und in den Niederlanden (5,1 Mrd. DEM) zusammen.[15] Seit den 90'er Jahren hat sich bei den 10 größten Baumärkten die Zahl der Filialen von 1.161 auf 2.017 fast verdoppelt, die Verkaufsfläche sogar verdreifacht.[16]

---

[10] Vgl. BHB (1997)
[11] Vgl. BBE (1997)
[12] Vgl. BHB (1997)
[13] DIY in Europe (1997), S. 22, S. 24
[14] Das Baumarktunternehmen Götzen hat am 5.2.1998 Konkurs beantragt. Betroffen sind auch die Jumbo-Märkte, vgl. Frankfurter Allgemeine Zeitung (1998), S. 22; seit 1990 betrug das Umsatzwachstum 970% (!), vgl. DIY in Europe (1997), S. 22
[15] Vgl. Handelsblatt (1995), S. 28
[16] Vgl. DIY in Europe (1997), S. 22

Größere Verkaufseinheiten und der Ausbau von Service und fachlicher Kompetenz des Personals gelten als zukünftige Erfolgspotentiale des Handelsweges Baumarkt.[17] Dabei muß bedingt durch den verschärften Konkurrenzdruck die niedrige Kostenstruktur und ein hoher Warenumschlag beibehalten werden. Zukünftig dürften sich die Marktstrategien des Baustoff-Fachhandels und der Baumärkte immer mehr angleichen. Die Betriebsformen werden zunehmend vielfältiger und komplexer bei ausgeprägten Überschneidungen, z.B.:

- Führende Baustoff-Fachhändler betreiben eigene Baumärkte.
- Baumärkte gliedern Baustoffsegmente aus und erweitern sie zu großflächigen Baustoffzentren.

2.3 Logistiksysteme des Baustoffhandels

Der traditionelle Baustoff-Fachhandel beinhaltet in seiner Dienstleistung die Lieferung an die Baustelle. Aus diesem Grund unterhalten diese Unternehmen in der Regel einen eigenen Fuhrpark sowie überwiegend eigene Zentralläger.

Anders ist die Situation bei den auf den Selbstabholer fixierten Bau- und Heimwerkermärkten. Von Beginn an haben viele Baumärkte auf den kompletten Aufbau der eigenen Logistik verzichtet. Auch wenn diese in Einzelfällen für bestimmte Warengruppen mit relativ hohem Wert und hoher Umschlaggeschwindigkeit eigene Läger unterhalten, werden insbesondere Baustoffe über das Zentrallager eines Logistikdienstleiters bezogen.

Im Vergleich zum Lebensmittelhandel[18] ist der Großteil der Baustoff-Branche noch „logistisches Neuland". Die Distribution der Warenströme findet im wesentlichen mit zwei Systemen statt:

Der Spediteur

Im Handelsgesetzbuch (HGB) wird der Spediteur als Kaufmann definiert,[19] der es "... gewerbsmäßig übernimmt, Gütersendungen durch Frachtführer oder Verfrachter von Seeschiffen für Rechnung eines anderen (des Versenders) im

---

[17] Vgl. BBE (1997)
[18] Vgl. zu Distributionssystemen im Einzel- bzw. Lebensmittelhandel Vahrenkamp (1996), S. 289 f.
[19] Vgl. HGB § 1 (6)

eigenem Namen zu besorgen"[20]. Das HGB räumt dem Spediteur überdies die Möglichkeit ein, den Versand selber durchzuführen[21] und Sammelladungen zusammenzustellen[22], d.h. den Versand von Gütern mehrerer Versender mit einem Frachtvertrag zu bewirken. Spediteure sind auch als gewerbliche Lagerhalter tätig; das Lagergeschäft ist ebenfalls im HGB geregelt.[23]

Nach den Richtlinien des Weltverbandes der Spediteure FIATA hat der Spediteur folgende Aufgaben und Verpflichtungen:[24]

- Um die Transportkosten und -risiken des Handels und der Industrie zu senken, übernimmt er für sie den Transport nach logistischen Gesichtspunkten.

- Der Spediteur berät den Kunden bei allen Transportfragen, hilft bei der Vorbereitung, beschafft die Beförderungsdienstleistungen und stellt durch geeignete Maßnahmen sicher, daß die Ware den Bestimmungsort erreicht.

- Die Wahl der optimalen Streckenführung und Verkehrsmittel wird durch ein Netz von Niederlassungen und Korrespondenten ermöglicht.

- Der Spediteur kann für seine Kunden ggf. die Zahlungsabwicklung übernehmen.

- Der Spediteur kümmert sich um anfallende Formalitäten und Dokumente.

Der Sortimenter

Der tägliche Eingang der Warenströme stellt ein großes Problem für den Baumarkt dar. Wenn täglich z.B. 50 Lieferanten einzelne Anlieferungen mit verschiedenen Spediteuren per Lkw vornehmen, so blockieren sie für Stunden den Wareneingang, die Parkplätze und das Personal. Vorangegangen sind 50 Bestellungen, 50 Lieferscheine etc., es folgen Rechnungsprüfungen, Reklamationsbearbeitung und andere Verwaltungsvorgänge. Der Baumarkt hat also ein hohes Interesse daran, Bestellungen zu bündeln, seinen Bestand niedrig und dennoch komplett zu halten und damit seinen Verwaltungsaufwand gering zu stellen.

---

[20] HGB § 407 (1)
[21] Vgl. HGB § 412 (1)
[22] Vgl. HGB § 413 (2)
[23] Vgl. HGB Fünfter Abschnitt - Lagergeschäft
[24] Vgl. Bundesverband Spedition und Lagerei (1997), S. 24

Der Sortimenter verbindet die Leistungsmerkmale des Herstellers (Produkt-kenntnis, Lagerhaltung, Übernahme der Verwaltungsaufgaben etc.) mit denen des Spediteurs und bietet dem Baumarkt die gewünschten Dienstleistungen an. Er bewirkt damit eine erhebliche Komplexitätsreduktion (vgl. Abb. 2).

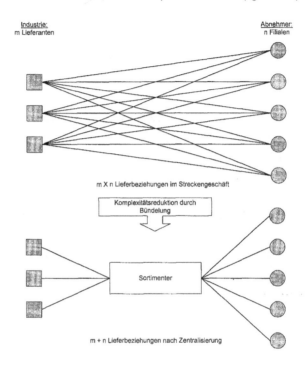

Abb. 2: Komplexitätsreduktion durch Bündelung von Lieferbeziehungen

Der Sortimenter ist professionell in der klassischen Logistik, kennt den Be-schaffungsmarkt sowie die Qualität und Eignung der Produkte für den DIY-Einsatz. Er kauft und verkauft in eigenem Namen auf eigene Rechnung, kommissioniert verschiedene Warengruppen und liefert komplette Lkw-Ladungen Just-in-Time an. Er holt die Waren selbst beim Hersteller ab, schlägt sie auf eigenen Lägern um und sichert durch optimale Kombination von Auslieferung und Abholung bei effizientem Rundlauf seiner Lkw niedrigere Logistikkosten.

Auch die Baustoffindustrie hat deutliche Vorteile. Ein Hersteller ist normalerwei-se nicht in der Lage, innerhalb von 48 Stunden mehrere hundert Filialen einer

Baumarkt-Kette im gesamten Bundesgebiet anzufahren. Dies kann der Sortimenter mit seinen Zentrallägern und der eigenen Fahrzeugflotte darstellen. Der Sortimenter ist durch die Listungen bei verschiedenen Baumarktunternehmen ein Umsatzmultiplikator, als „verlängerter Arm" der Industrie ruft er komplette Lkw-Ladungen ab und realisiert auch für die Hersteller insgesamt niedrigere Logistikkosten. Das Liefergeschäft kann parallel bei ausreichender Bestellmenge über die Strecke (vom Hersteller zum Baumarkt ohne Zwischenlagerung) erfolgen.

2.4   Das DV-System der Wiedenhagen GmbH

Im Vergleich zu anderen mittelständischen Unternehmen mit ähnlichen Unternehmenskennzahlen (Umsatz, Mitarbeiter, Angebotspalette) verarbeitet Wiedenhagen eine sehr hohe Daten- bzw. Informationsmenge mit komplexer Struktur. Auf der Kundenseite sind ca. 15 Baumarkt-Ketten mit 2.000 Filialen eingeschlossen. Täglich werden ca. 1.000 Kundenaufträge mit durchschnittlich jeweils 5-10 Positionen bearbeitet. Das Sortiment umfaßt derzeit ca. 1.500 Artikel. Auf der Kreditorenseite stehen über 300 Hersteller aus Europa und Asien. Insgesamt werden täglich bis zu 70 Bestellungen durch Wiedenhagen getätigt.

In den 80'er Jahren wurde bei Wiedenhagen ein DV-System übernommen, welches speziell auf die Belange einer Einkaufsgenossenschaft für Baustoffe (Mobau GmbH) zugeschnitten war. Das System war einfach und kostengünstig, in der Anwendungsbreite und der Erweiterungsmöglichkeit dagegen eingeschränkt. Bereits Mitte der 90'er Jahre wurde deutlich, daß das System der raschen Entwicklung des Marktes, der Internationalisierung der Baumarkt-Ketten und den Anforderungen des gemeinsamen europäischen Binnenmarktes mit einer Einheitswährung nicht gerecht werden würde.

Nach Prüfung der am Markt vorhandenen Systeme, die über das Jahr 2000 hinaus als gesichert gelten durften, hat sich die Unternehmensleitung für die Einführung des Systems R/3 des Walldorfer Unternehmens SAP AG entschieden. Hardware und DV-Beratung wurden an ein externes Dienstleistungsunternehmen ausgelagert (Ruhrinformatik AG). Im Pflichtenheft von Wiedenhagen für das zukünftige DV-System waren folgende wesentliche Anforderungen enthalten:

- Integrierte und durchgängige Abwicklung der Prozesse in den Bereichen Vertrieb, Materialwirtschaft, Finanzbuchhaltung, Personalwirtschaft und Controlling.

- Systemanpassungen an zukünftige Anforderungen sollten im wesentlichen durch den Systemanbieter erfolgen, bei möglichst niedrigen eigenem Programmieraufwand für spezielle Problemlösungen. Für Fremdanwendungen sollten offene, standardisierte Schnittstellen zur Verfügung stehen.

- Effiziente Abwicklung eines umfangreichen und komplexen Mengengerüsts.

- Übersichtliche und nachvollziehbare Abbildung der komplexen baumarktspezifischen Preis- und Konditionsschemen.

- Bewältigung der durch die Gesellschaftsstruktur vorgegebenen Buchungskreise und ihren übergreifenden Lagerverkauf mit der daraus resultierenden internen Verrechnung.

- Nutzung moderner Technologien wie relationale Datenbanken, graphische Benutzeroberflächen, Client/Server-Architekturen und Mail-System.

R/3 gewährleistet eine ganzheitliche Abwicklung von abteilungs- und bereichsübergreifenden Abläufen und Vorgängen. Die Anwendungsbereiche werden in Module – mit englischen Abkürzungen bezeichnet – unterteilt.[25]

Folgende Module sind bei Wiedenhagen derzeit im Einsatz:

- Finanzbuchhaltung (FI - Financial Accounting)
- Vertrieb (SD - Sales and Distribution)
- Materialwirtschaft (MM - Materials Management)

2.5   Konzepte der Standardsoftware SAP R/3

Der Schwerpunkt dieser Arbeit liegt im Bereich Materialwirtschaft. Die nachstehenden Ausführungen erfolgen aus diesem Blickwinkel und geben einen Überblick über die Konzepte des Systems.

Organisationsstrukturen

Der rechtliche und organisatorische Aufbau eines Unternehmens wird im System mit Hilfe von Organisationsstrukturen abgebildet. Diese bestehen aus

---

[25] Vgl. zur Übersicht über die R/3-Module SAP (1996a), S. 1-1

mehreren Organisationsebenen, die zusammen ein Gerüst bilden, innerhalb dessen alle Geschäftsvorfälle abgewickelt werden. Die Strukturierung wird aus verschiedenen Sichten vorgenommen, welche anschließend miteinander verknüpft werden.

In der **Organisationsstruktur der Materialwirtschaft** wird zwischen Einkaufs-organisation, Werk und Lagerort unterschieden. Die Einkaufsorganisation (EKOR) ist für die gesamte Abwicklung von Einkaufsinformationen (Anfragen, Bestellungen etc.) zuständig. Ein Werk repräsentiert eine Betriebsstätte oder Niederlassung innerhalb einer Firma. Werke werden in Läger und diese wiederum in Lagerorte unterteilt.[26] Die Abb. 3 zeigt die Organisationsstruktur von Wiedenhagen aus Sicht der Materialwirtschaft in Verbindung mit dem Finanzwesen.

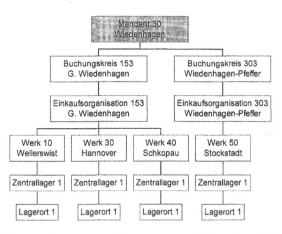

Abb. 3: Organisationsstruktur von Wiedenhagen aus Sicht der Materialwirtschaft

Belegprinzip

Geschäftsvorfälle werden im R/3-System in Form von Belegen abgewickelt. Belegarten enthalten die für die jeweiligen Geschäftsvorfälle differenzierten Informationen, Prüfungen und Vorgehensweisen. Belege besitzen innerhalb eines zusammenhängenden Anwendungsbereichs eine einheitliche Struktur und bauen aufeinander auf. So können im Modul MM Daten einer Bestellung

---

[26] Vgl. SAP (1996a), S. 2-1

für die Buchung des Wareneingangs übernommen werden, auf die wiederum die Rechnungsprüfung Bezug nehmen kann.[27] Diese Vorgehensweise reduziert nicht nur Eingabeaufwand und Fehlerrisiko, durch die Dokumentation der Eingaben und die komfortable Zugriffsmöglichkeit auf die Belege (z.B. „Bestellentwicklung" in MM, „Belegfluß" in SD) werden auch übergreifende Geschäftsvorfälle wie Kundenanfragen oder die Reklamationsbearbeitung wesentlich vereinfacht. Grundlage der Belege sind die Stammdaten, deren Pflege für die Effizienz und Präzision der Belegbearbeitung von entscheidender Bedeutung ist.

Stammdaten

Die Stammdatenverwaltung beinhaltet die Stammdatenanlage und –pflege. Stammdatenobjekte zeichnen sich durch einen langlebigen Charakter aus. Im Rahmen dieser Arbeit sind insbesondere die Objekte Material, Kreditor und Einkaufsinformationssatz von Bedeutung. Das System hinterlegt Stammdaten in Form von eindeutig numerierten Stammsätzen, auf die von verschiedenen Abteilungen und Unternehmensbereichen zugegriffen wird. Um Datenredundanzen zu vermeiden, werden Stammdaten in R/3 nur einmal zentral gespeichert und gemäß der Organisationsstruktur gegliedert.[28] Die Pflege von Stammsätzen obliegt den Fachabteilungen, das System nimmt aber auch automatisch Änderungen vor, z.B. die Fortschreibung des Lagerbestands bei Wareneingangsbuchungen.

In **Materialstammsätzen** (im folgenden kurz MS für Materialstammsatz) werden Informationen über Materialien und Dienstleistungen, die ein Unternehmen beschafft, fertigt, lagert und verkauft, gespeichert. Handelswaren werden über die Materialart „HAWA" abgebildet. Folgende Daten werden u.a. festgehalten: Materialbezeichnung, Warengruppe, Steuerkennzeichen, Dispositionsmerkmal, Verkaufsmengeneinheit und Art der Preissteuerung.[29]

Der **Kreditorenstammsatz** enthält Basisdaten für den Geschäftsverkehr mit einem Kreditor. Dieser kann als Warenlieferant, Rechnungssteller sowie Zahlungsempfänger getrennt oder zusammengefaßt auftreten. Der Stammsatz

---

[27] Vgl. allgemein zum Belegprinzip SAP (1997c), S. 3-2 f.
[28] Vgl. SAP (1996a), S. 3-5
[29] Vgl. SAP (1996a), S. 3-5 f.

enthält u.a.: Anschrift, Abstimmungskonto, Zahlungsbedingungen, Art der Rechnungsprüfung und Mahnverfahren.[30]

Einkaufsinformationssätze oder kurz **Infosätze,** stellen die Verbindung zwischen Material und Lieferant her. Der Infosatz hält die Bedingungen fest, unter denen die Ware von einem Lieferanten bezogen werden kann. Bei Eingabe einer Bestellung können diese Angaben als Vorschlagsdaten übernommen werden. Ein Infosatz enthält u.a.: Bestellmengeneinheit, Bestelltext, Nettopreis, Planlieferzeit und Mengenumrechnung.[31]

Logistikinformationssystem

Als Werkzeug für die Sammlung, Verdichtung und Auswertung von Geschäftsdaten der Logistik dient das Logistikinformationssystem (LIS). Es ist eine bedeutende Komponente des Managementinformations- und Steuerungssystems.

Bestandteile des LIS sind u.a. das Bestandsführungs- (Bestandscontrolling), das Einkaufs- und das Vertriebsinformationssystem. Der Benutzer kann Standard- oder eigene Problemanalysen durchführen. Diese beruhen auf Statistikdaten (sog. Informationsstrukturen), in denen Kennzahlen (Umsatz, Bestellbestand, offene Aufträge etc.) zu bestimmten Merkmalen (z.B. Einkaufsorganisation) direkt aus der operativen Anwendung fortgeschrieben werden.[32] Eine Voraussetzung für den Einsatz des LIS ist eine exakte Pflege der Stammdaten (Kennzeichen *Statistikgruppe*) und die nur damit gesicherte Fortschreibung von Kennzahlen. Über Customizing kann ein auf die Bedürfnisse des Unternehmens zugeschnittenes Informationssystem aufgebaut werden.

ABAP/4 Development Workbench

Der Großteil des R/3-Systems besteht aus Programmen auf Basis der Programmiersprache ABAP/4 (Advanced Business Applikation Programming der 4. Generation). Mit Hilfe der integrierten Programmierumgebung können betriebsspezifische Ergänzungen erstellt werden, ohne über spezifische

---

[30] Vgl. SAP (1996a), S. 3-2 f.
[31] Vgl. SAP (1996a), S. 3-9 f.
[32] Vgl. SAP (1996a), S. 11-2

Kenntnisse des technischen Umfelds wie z.B. Datenbank, Betriebssystem oder Client/Server-Kommunikation verfügen zu müssen.[33]

Eine umfangreiche Programmgruppe des R/3-Systems stellen sog. Reports dar. Mit **Reports** können Inhalte von Datenbanktabellen in aufbereiteter Listenform dargestellt werden.[34] Sie können z.B. dazu dienen, die Auswertungen des LIS zu kontrollieren und/oder zu ergänzen. Die Entwicklung eigener Programme reduziert allerdings die Vorteile einer Standardsoftware, da zudem nach Releasewechseln evtl. Anpassungen vorzunehmen sind.

Customizing

Der Begriff Customizing umfaßt die auf den Kunden maßgeschneiderte Konfiguration des R/3-Systems. Das Werkzeug hierzu ist der **Einführungsleitfaden** bzw. **IMG** (Implementation Guide). Dieser zeigt dem Benutzer eine Sicht auf hierarchisch strukturierte Tabellen auf, in die bestimmte Parameter einzutragen sind. Im IMG werden die Organisationsstrukturen, die verschiedenen Geschäftsprozesse und die Reporting-Anforderungen des Unternehmens definiert.[35]

---

[33] Vgl. SAP (1997b), S. 2-1 f.
[34] Vgl. SAP (1997b), S. 2-25 f.
[35] Vgl. SAP (1994b), S. 9-4 f.

3 Geschäftsprozeßoptimierung der Warenbeschaffung

3.1 Geschäftsprozeß und Geschäftsprozeßoptimierung

Aufgrund der Undurchsichtigkeit der betrieblichen Abläufe und des hohen Anteils der Fixkosten an der Wertschöpfung erscheint es vielen Unternehmungen heutzutage vorteilhaft, funktional getrennte Arbeitsschritte als ganzheitliche, abteilungsübergreifende Prozesse zu organisieren.

Es ist vornehmlich der Verdienst von M. Hammer und J. Champy mit ihrer Publikation „Reengineering The Corporation" (1993), dem Prozeßgedanken und der kompletten Neugestaltung betrieblicher Abläufe und Reorganisation des Unternehmens zum Durchbruch in der betrieblichen Praxis verholfen zu haben.[36] Eine prozeßorientierte Betrachtungsweise wurde allerdings schon früher beschrieben, so bspw. vom deutschen Betriebswirt Michael Gaitanides („Prozeßorganisation", 1983).[37] Im Ergebnis wird die funktional gegliederte Organisation durch eine geschäftsprozeßorientierte ergänzt oder ersetzt.[38] Im Vergleich zu der Dominanz der Aufbauorganisation in der klassischen Organisationstheorie rückt zunehmend eine funktionsbereichsübergreifende Ablauforganisation in den Vordergrund, an die sich die Aufbauorganisation auszurichten hat. Mit anderen Worten, die raumzeitliche Strukturierung der Arbeitsprozesse gibt den Rahmen für die Bildung von Stellen und für die Gestaltung der Stellenbeziehungen vor (vgl. Abb. 4).[39]

Ein Prozeß bzw. Geschäftsprozeß wird von Hammer/Champy als ein Bündel von Aktivitäten definiert, für das ein oder mehrere Inputs benötigt werden und das für den Kunden ein Ergebnis von Wert erzeugt.[40] Im Vordergrund der Betrachtungen stehen die externen Kunden, aber auch die internen Kunden (Mitarbeiter) eines Geschäftsprozesses sind zu berücksichtigen. Für Corsten muß bei einem Prozeß der Input, die Wertschöpfung und der Output meßbar sowie die Wiederholbarkeit der Aktivitäten gegeben sein.[41]

---

[36] Vgl. Wirtz (1996), S. 1023; vgl. Theuvsen S. 65 f.
[37] Vgl. Wirtz (1996), S. 1033
[38] Vgl. Berkau, S. 31
[39] Vgl. Corsten (1996), S. 11, S. 22
[40] Vgl. Hammer/Champy (1993), S. 35
[41] Vgl. Corsten (1996), S. 16

Abb. 4: Geschäftsprozeßorientierte Betrachtungsweise[42]

Im Mittelpunkt einer prozeßorientierten Sichtweise stehen die sog. Kernprozesse (Schlüsselprozesse, wettbewerbskritische Prozesse) einer Unternehmung.[43] In der Literatur wird häufig vereinfacht davon ausgegangen, daß ein Unternehmen von typischerweise acht bis zehn dieser Kernprozesse bestimmt wird.[44] Als Beispiele sind zu nennen: Abwicklung eines Kundenauftrags, Bearbeitung einer Kundenanfrage, Beschaffung von Waren und die Entwicklung eines Produkts. Da die Basis einer effizienten Prozeßsteuerung des Unternehmens eine hohe Transparenz der betrieblichen Abläufe sowie ggf. deren modellhafte Abbildung[45] darstellt, werden die Kernprozesse als Gesamtvorgänge in Subsysteme bzw. Subprozesse, in sich abgeschlossene und in einem logischen Zusammenhang stehende Erfüllungsvorgänge, zerlegt.[46]

Ziel ist es, Geschäftsprozesse auf die wirklich wertschöpfenden Aktivitäten zurückzuführen, der Gesamtoptimierung den Vorrang vor der Optimierung einzelner Bereiche einzuräumen, die Mitarbeiter stärker an den Kundenwünschen zu orientieren und die Rolle des Managements auf die Organisation und Koordination der Arbeitsteilung zu beschränken.[47]

In der Literatur hat sich seit den 90'er Jahren eine Vielzahl an Begriffen, Konzepten und Methoden zum Thema Prozeßorientierung etabliert, die

---

[42] Entnommen und ergänzt aus Brenner/Hamm (1995), S. 20
[43] Vgl. Corsten (1996), S. 29
[44] Vgl. Corsten (1996), S. 24; vgl. Binner (1996), S. 13; vgl. Brenner/Hamm (1995), S. 21 f.
[45] Vgl. zur Modellierung Scheer (1996), S. 7
[46] Vgl. Corsten (1996), S. 19
[47] Vgl. Gaitanides (1994), S. 2

inhaltlich und begrifflich nicht eindeutig festgelegt sind.[48] Der Autor lehnt sich bei der nachstehenden Erläuterung der wesentlichen Konzepte an die Gliederung von Gaitanides[49] und Ferk[50] an, ein Anspruch auf Allgemeingültigkeit kann von keiner Seite gegeben werden[51].

Geschäftsprozeßoptimierung

Ziel der Geschäftsprozeßoptimierung (Continuous Improvement / Kaizen)[52] ist es, mit Hilfe kontinuierlicher Verbesserungsmaßnahmen einen bestehenden Geschäftsprozeß effizienter zu gestalten.[53] Jeder Vorgang im Unternehmen wird danach beurteilt, ob er einen Kundenvorteil beinhaltet (added value activity).[54] Redundante und überflüssige Aktivitäten werden bereinigt.

Die Geschäftsprozeßoptimierung wird häufig im Rahmen einer Einführung von Standardsoftware durchgeführt. Die Umsetzung einer weitgehenden Durchgängigkeit der Ablauforganisation wird in hohem Maße durch die Integration und gemeinsame Datenhaltung gefördert.[55] In der Praxis erfolgt deshalb die Implementierung einer integrierten Software auf Grund der Bedürfnisse der Organisation ebenso wie die Neugestaltung der Abläufe auf Grund einer situationsadäquaten Software. Die Prozesse werden dabei nicht selten nach DV-technischen Erfordernissen entworfen, um eine erhöhte Wirtschaftlichkeit durch verstärkte elektronische Vorgangsbearbeitung zu erreichen. Zwar sorgt das System durch den Abbau an Schnittstellen und die Steuerung der Arbeitsverteilung für eine prozeßorientierte Steuerung, die funktionalen Strukturen im Unternehmen bleiben jedoch häufig unverändert.[56]

Der Begriff Prozeßoptimierung impliziert die irreführende Annahme, daß ein Prozeß letztendlich „optimal" gestaltet werden kann. Gemeint ist in diesem Sinne allerdings nur das Streben nach einem Optimum.[57]

---

[48] Vgl. Gaitanides (1994), S. 4
[49] Vgl. Gaitanides (1994), S. 3
[50] Vgl. Ferk (1996), S. 21 f.
[51] Anders z.B. Brenner/Hamm S. 19. Sie fassen das Konzept des Business Reengineering weiter. Dieses beinhaltet u.a. auch das Prozeßmanagement.
[52] Kaizen und Continuous Improvement im Sinne einer abteilungsübergreifenden Interpretation.
[53] Vgl. Gaitanides (1994), S. 12 f.
[54] Vgl. Theuvsen (1996), S. 70
[55] Vgl. Gaitanides (1994), S. 4
[56] Vgl. ebenda
[57] Vgl. Gaitanides (1994), S. 3

Business Reengineering / Process Redesign / Prozeßneugestaltung

Unter Business Reengineering verstehen Hammer und Champy ein fundamentales Überdenken und die radikale Neuorganisation von Unternehmensprozessen mit dem Ziel, herausragende Verbesserungen in den Bereichen Kosten, Qualität, Service und Zeit (Summe = Kundennutzen) zu erreichen[58]. Sie weisen darauf hin, daß sich Reengineering nicht mit Continuous Improvement oder Automation (für sie: alte Abläufe moderner ausführen) gleichsetzen läßt.[59] Statt dessen sollen „ausgehend vom weißen Blatt Papier" Geschäftsprozesse in idealtypischer Weise neu entworfen werden.[60] Diese orientieren sich lediglich an der vorher festgelegten Unternehmens- und Geschäftsbereichsstrategie.[61] Statt der Vereinfachung und Spezialisierung der Arbeitsschritte sind die Geschäftsprozesse zu vereinfachen.[62] Den Erfordernissen für den effizienten und auch effektiven Ablauf der Prozesse hat sich die im Ergebnis abgeflachte Aufbauorganisation[63] anzupassen.

Gewürdigt wird v.a., daß das Konzept in der Praxis das Bewußtsein für eine notwendige prozeßorientierte Sichtweise gefördert hat.[64] Kritisiert wird allerdings, daß Umsetzungsrichtlinien fehlen, die Unternehmensgröße vernachlässigt und von einem Top-Down Ansatz ausgegangen wird.[65]

Prozeßmanagement

Dem Prozeßmanagement liegt die Idee zu Grunde, die Vorteile der Prozeßoptimierung und der Prozeßneugestaltung zu kombinieren.[66] Innovation und kontinuierliche Verbesserung wechseln sich ab, und zwar in der Form, „... daß die kontinuierliche Verbesserung die Normalität und die innovative die Ausnahme bildet"[67]. Um die bestehende Unternehmenskultur möglichst gering zu

---

[58] Vgl. Hammer/Champy (1993), S. 46
[59] Vgl. Hammer/Champy (1993), S. 32 f., S. 47 f.
[60] Vgl. Hammer/Champy (1993), S. 49
[61] Vgl. Gaitanides (1994), S. 4
[62] Vgl. Hammer/Champy (1993), S. 51 f.
[63] Vgl. Hammer/Champy (1993), S. 46
[64] Vgl. Theuvsen (1996), S. 80 f.
[65] Vgl. auch Theuvsen (1996), S. 78 f.
[66] Vgl. Ferk (1996), S. 20 f; vgl. Gaitanides (1994), S. 11
[67] Gaitanides (1994), S. 11

beeinträchtigen, wird das Prozeßmanagement nicht wie das Business-Reengineering auf einmal[68], sondern in mehreren Phasen umgesetzt.[69]

Das Konzept des Prozeßmanagements ist äußerst umfangreich bzw. breit angelegt und umfaßt je nach Autor verschiedene planerische, organisatorische, und kontrollierende Maßnahmen. Wesentliche Bestandteile bei Ferk sind z.b. die Prozeßanalyse, die Cost-Driver-Analyse sowie tradierte Rationalisierungsinstrumente wie die Gemeinkosten-Wertanalyse und die Aktivitätenanalyse.[70]

3.2 Prozeßoptimierung bei Wiedenhagen

Die in Kapitel 3.1 erläuterte Definition der Prozeßoptimierung entspricht am konkretesten den Vorstellungen der Gesellschaft. Zu berücksichtigen sind die besonderen Umstände im Mittelstand sowie die Wettbewerbsstrategie der Kostenführerschaft, die durch die Branchenstruktur und die Anforderungen der Baumärkte vorgegeben wird. Im Mittelstand ist die Zahl der Entscheider kleiner und die Abteilungen sind noch überschaubar. Da der Mittelstand keinen Zugang zum "anonymen Kapitalmarkt" hat, stellt oftmals die Finanzierung den Engpaß bei der Verwirklichung der unternehmerischen Ziele dar.[71] Eine Prozeßoptimierung kann deshalb nur Schritt für Schritt erfolgen.

Im Vordergrund steht bei Wiedenhagen die erweiterte Nutzung des erworbenen DV-Systems und die Umgestaltung der Abläufe im Hinblick auf eine verstärkte elektronische Vorgangsbearbeitung. Durch prozeßorientierte Schulungen der Mitarbeiter soll zudem das Verständnis für die durchgehende Integration des R/3-Systems gefördert werden. Verbunden mit der Strategie der Kostenführerschaft ist der Verzicht auf für den Kunden unwesentliche Produkte und Dienstleistungen sowie die konsequente Wachstumsorientierung, damit Kosten durch Ausnutzung von Größenvorteilen gesenkt werden können.[72]

Der Bereich Materialwirtschaft bietet bei Wiedenhagen das größte Potential für Optimierungsansätze. Der Materialaufwand hat mit ca. 85% eine in den

---

[68] Vgl. Hammer/Champy (1993), S. 5
[69] Vgl. Ferk (1996), S. 23
[70] Vgl. Ferk (1996), S. 39
[71] Vgl. zum Engpaß Finanzierung in mittelständischen Unternehmen Pichler/Pleitner/Schmidt (1996), S. 24; vgl. zu charakteristischen Merkmalen des Mittelstands Pichler/Pleitner/Schmidt (1996) S. 36 f.
[72] Vgl. zur Wettbewerbsstrategie der Kostenführerschaft Porter (1992), S. 25, S. 63, S. 75

Erfolgsrechnungen der letzten Jahre weit herausragende Rolle. Ähnlich ausgeprägt sind die Bilanzpositionen des Unternehmens. 1996 hatte der Wert der Bestände an der Bilanzsumme einen Anteil von nahezu 25%.

Zusammengefaßt erwartet die Gesellschaft durch die Geschäftsprozeßoptimierung eine Reihe quantitativer und qualitativer Vorteile:

- Reduzierung der Bestände und Senkung der Lagerhaltungskosten
- Generierung von Kundennutzen
- Freisetzung von Mitarbeiterpotential durch Reduzierung der Routinearbeit
- Verbesserte Integration der einzelnen Abläufe untereinander
- Beseitigung von redundanten Aktivitäten
- Vermeidung von Medienbrüchen
- Vermeidung von Fehlentscheidungen
- Verkürzung der Durchlaufzeiten

3.3 Der Geschäftsprozeß Warenbeschaffung

Die wichtigste Geschäftsart eines Sortimenters stellt das Lagergeschäft dar. Es umfaßt die Prozesse der Warenbeschaffung, Wareneinlagerung und Warendistribution.[73]

Unter dem Begriff Beschaffung wird in der Literatur im engeren Sinne die Versorgungsfunktion eines Unternehmens mit Material (Roh-, Hilfs- und Betriebsstoffe, Halbfabrikate, Handelsware) und Dienstleistungen verstanden.[74] **Beschaffung** im Sinne dieser Arbeit umfaßt alle zusammenhängenden Tätigkeiten über Abteilungsgrenzen hinweg, um Wiedenhagen mit den für die Warendistribution notwendigen Handelswaren zu versorgen.

Der Geschäftsprozeß Warenbeschaffung wird in Anlehnung an Becker/Schütte in die Subprozesse Einkauf, Materialdisposition, Wareneingang, Rechnungsprüfung und Kreditorenbuchhaltung gegliedert.[75] Die Abb. 5 zeigt, wie die Autoren die Eingliederung der Prozesse in das Lagergeschäft veranschaulichen.

---

[73] Vgl. Becker/Schütte (1996), S. 147
[74] Vgl. Hartmann (1993), S. 15
[75] Vgl. Becker/Schütte (1996), S. 148

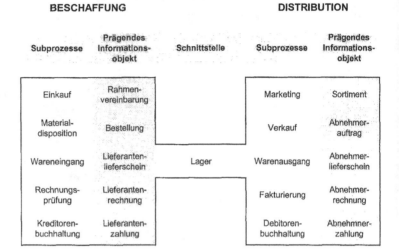

	BESCHAFFUNG			DISTRIBUTION	
Subprozesse	Prägendes Informations-objekt	Schnittstelle		Subprozesse	Prägendes Informations-objekt
Einkauf	Rahmen-vereinbarung			Marketing	Sortiment
Material-disposition	Bestellung			Verkauf	Abnehmer-auftrag
Wareneingang	Lieferanten-lieferschein	Lager		Warenausgang	Abnehmer-lieferschein
Rechnungs-prüfung	Lieferanten-rechnung			Fakturierung	Abnehmer-rechnung
Kreditoren-buchhaltung	Lieferanten-zahlung			Debitoren-buchhaltung	Abnehmner-zahlung

Abb. 5: Subprozesse des Lagergeschäfts[76]

3.3.1 Einkauf

Die Funktionen des Einkaufs bestehen bei Wiedenhagen in der Beschaffungs-marktforschung und der Festlegung der Kontrakt- und Lieferantenpolitik. Wahrgenommen werden diese Aufgaben von der Geschäftsleitung. Gemein-sam mit der Einkaufsleitung der Baumärkte werden zu Jahresanfang mit der Industrie Rahmenverträge festgelegt, in denen Preise, Konditionen und z.T. Abnahmemengen der Waren für ein Jahr verbindlich festgehalten werden. Inhalte und Ergebnisse der Rahmenvereinbarungen werden in den Stammda-ten hinterlegt und stellen die Grundlage für die folgenden Subprozesse dar.[77] Die Bestellabwicklung wird als administrative Tätigkeit nicht dem Einkauf, sondern der Disposition zugeordnet, da ein Verhandlungsspielraum für zusätzliche Konditionen später selten gegeben ist. Das R/3-System wird im Bereich Einkauf bisher kaum eingesetzt.

Als Entscheidungsgrundlage für die Gestaltung der Rahmenverträge können Auswertungen des Einkaufsinformationssystems EKS dienen *(Infosysteme →*

---

[76] Entnommen und ergänzt aus Becker/Schütte (1996), S. 11, vgl. zu Informationsobjekten der Beschaffung S. 148 f., vgl. zu Informationsobjekten der Distribution S. 261 f.
[77] Die Rahmenverträge selber werden derzeit nicht im System hinterlegt, auch dies stellt einen weiteren Ansatz für eine Geschäftsprozeßoptimierung dar (z.B. die Definition von Kontrakten).

Logistik → Einkauf [MEC9]). Das EKS verdichtet Einkaufsdaten des Systems und bietet umfangreiche Auswertungsmöglichkeiten an. Standardmäßig sind u.a. Auswertungen zu Einkaufswerten, Einkaufsmengen, Liefer- und Mengentreue bezogen auf die Merkmale Material, Warengruppe, Lieferant und Einkäufergruppe vorgesehen.[78]

Eine Entscheidungshilfe zur Analyse wirtschaftlicher Materialbeschaffung, Materiallagerung und Materialverteilung ist z.B. die **ABC-Analyse**. Die Untersuchungsobjekte werden nach der Verteilung ihrer Werthäufigkeit in A, B und C-Objekte klassifiziert. Aktivitäten sollen schwerpunktmäßig auf den Bereich hoher wirtschaftlicher Bedeutung (A-Objekte) gelenkt, der Aufwand für die übrigen Gebiete kann durch Vereinfachungsmaßnahmen gesenkt werden.[79] Im EKS können z.B. jeweils die Rechnungssummen aller Lieferanten für ein Jahr summiert und eine Einteilung in ABC-Lieferanten vorgenommen werden. Da Baumärkte verstärkt komplette Systemlösungen fordern und/oder ein wirtschaftlicher Einsatz elektronischer Kommunikation ein Mindestmaß an Transaktionen voraussetzt, lautet die Empfehlung, mit den A-Lieferanten eine engere, teamorientierte Zusammenarbeit einzugehen.

Eine andere Entscheidungshilfe ist eine **Lieferantenbeurteilung**. R/3 bietet eine Lieferantenbeurteilungsfunktion an, die mit Hilfe von Nutzwertrechnungen erfolgt. Lieferanten werden standardmäßig nach den vier Hauptkriterien Preis, Qualität, Lieferung und Service, die wiederum in Teilkriterien unterteilt sind, beurteilt. Umfang und Gewichtung der einzelnen Kriterien sind durch Customizing festzulegen. Das System ermittelt als Ergebnis eine Gesamtnote von 1 bis 100 Punkten.[80] Bei der Beurteilung könnte sich z.B. herausstellen, daß einige A-Lieferanten für das Unternehmen gar nicht so vorteilhaft sind und das bisherige C-Lieferanten stärker gefördert werden sollten. Es bleibt zu berücksichtigen, daß das System nur einen Teilbereich einer objektiven Lieferantenbeurteilung abdecken kann, es fehlen z.B. die Begutachtung der finanziellen Situation und der Technologie der Lieferanten. Die erfolgreiche Nutzung der Beurteilungsfunktion stellt zudem hohe Anforderungen an die Bedienung des Systems, wie z.B. die regelmäßige Pflege der Planlieferzeiten in den Infosätzen. Weiterhin

---

[78] Vgl. SAP (1996a), S. 11-13
[79] Vgl. Hartmann (1993), S. 142 f.
[80] Vgl. SAP (1996a), S. 5-14 f.

setzt das System bestimmte Geschäftsumstände voraus, wie z.B. die Lieferung der Ware durch die Lieferanten.

3.3.2 Materialdisposition

"Disponieren bedeutet, Entscheidungen unter Berücksichtigung wirtschaftlicher Faktoren zu treffen".[81] Die Materialdisposition umfaßt bei Wiedenhagen folgende Aufgabenbereiche:

- Feststellung des Materialbedarfs
- Umsetzung des Materialbedarfs in Bestellmengen und -termine (Bestellrechnung)
- Erfassung der Bestellung im System
- Übermittlung der Bestellung an den Hersteller/Lieferanten[82]
- Überwachung des Bestellvorgangs

Für die Materialdisposition ist an jedem Standort jeweils eine Person als Disponent zuständig. Interne Kunden der Materialdisposition sind die Abteilungen Wareneingang und Rechnungsprüfung.

Im folgenden wird analysiert, wie eine Bestellung derzeit zustande kommt und welche Defizite dabei auftreten; die Optimierung ist Gegenstand des vierten Kapitels. Anschließend wird auf die Bestellübermittlung eingegangen.

Bedarfsermittlung, Bestellrechnung und Erfassung der Bestellung

Mit der Festlegung von Bestellmengen und Bestellterminen hat die Disposition einen entscheidenden Einfluß auf die Liquidität und Rentabilität des Unternehmens. Der Disponent befindet sich im folgenden Spannungsfeld:

- Der Baumarkt verlangt bei einer oft kurzfristigen Übermittlung der Aufträge (z.T. 48 Stunden) eine sehr hohe Lieferbereitschaft. Um den Anforderungen gerecht zu werden, tendiert der Disponent dazu, den Lagerbestand und damit die Lagerhaltungskosten zu erhöhen.
- Aus Gründen der Rentabilität ist der Disponent angehalten, den Lagerbestand und damit die Lagerhaltungskosten zu reduzieren.

---

[81] Zeigermann (1970), S. 17
[82] Im folgenden werden die Begriffe Hersteller und Lieferant synonym verwendet.

Die Tätigkeit des Disponenten beginnt mit einem morgendlichen Rundgang im Lager. Durch eine Sichtprüfung stellt er dabei die Lagerbestände fest. Sind die Bestände unter eine bestimmte Schwelle gesunken, werden die Artikel notiert und für eine Bestellung vorgemerkt. Der Disponent führt damit (unbewußt) eine manuelle Bestellpunktdisposition durch. Die Bestellhöhe, die den Bedarf bis zum nächsten Bestellvorgang deckt, schätzt der Disponent aufgrund von Erfahrungswerten. Von seiten der Industrie und der Geschäftsleitung ist er aus wirtschaftlichen Gründen (u.a. vereinfachte Kommissionierung, Frachtvergütung) angehalten, bei einem Lieferanten jeweils insgesamt eine komplette Lkw-Ladung abzurufen.

Da die Waren in 80% aller Fälle bei den Herstellern abgeholt werden, sind in der Tourenplanung Beschaffung und Versand gemeinsam zu koordinieren. Die Abteilung Tourenplanung orientiert sich vorrangig an auszuliefernden Kundenaufträgen. Der Disponent legt anhand der grob vorliegenden Tourenpläne unter wirtschaftlichen Gesichtspunkten fest, bei welchen Lieferanten auf dem Rückweg von den Baumärkten Ware abzuholen ist. Das Lieferdatum in der Bestellung entspricht somit i.d.R. dem voraussichtlichen Termin der Warenabholung durch Wiedenhagen.

Die Umstände des Geschäfts und die Struktur des Sortiments führen zu folgenden weiteren Bestellvorgängen:[83]

⇒ **Vorratsbeschaffung ohne konkreten Bedarf**
    Als Grund sind v.a. zu erwartende Preisvorteile sowie Engpaßsituationen auf dem Beschaffungsmarkt zu nennen. Zu der ersten Gruppe gehören z.B. Briketts, die im Sommer zu einem niedrigen Preis beschafft, eingelagert und im Winter teurer verkauft werden. Zu der zweiten Gruppe gehören Festzeltgarnituren für Gastronomiebetriebe, die im Winter in Niedriglohn-Ländern bei Betrieben mit geringen Fertigungskapazitäten beschafft werden, damit eine Lieferbereitschaft im Frühjahr sichergestellt wird.

---

[83] Zu den Bereitstellungsprinzipien vgl. Hartmann (1993), S. 191 f.; vgl. Oeldorf/Olfert (1995), S. 247 f.

⇒ **Kundenkommissionen / Beschaffung im Bedarfsfall**

Zu den Kundenkomissionen gehören Artikel, die auf einen spezifischen Auftrag hin beschafft werden. Als Beispiel sind Fensterbänke zu nennen, die vom Endkunden nur in speziellen Abmessungen geordert werden.

⇒ **Beschaffung von Aktionsartikeln / Just-in-Time-Beschaffung**

Das Warenangebot eines Baumarkts besteht aus dem normalen Warenangebot und dem Werbeangebot. Im sog. Aktionsgeschäft bietet der Baumarkt als verkaufsfördernde Maßnahme verschiedene Artikel zu einem sehr günstigen Preis an. Das Werbeprogramm wird dem Disponenten mit einem Vorlauf von mindestens vier Wochen angekündigt. Bei Wiedenhagen sind etwa 100 Artikel von diesen Werbemaßnahmen betroffen, wegen des hohen Absatzes während der Werbezeit werden damit in relativ kurzen Zeiträumen ca. 20% des gesamten Umsatzes erzielt. Da die Abnahmemengen und -zeitpunkte dem Disponenten bekannt sind, kann die Beschaffung abhängig von der Zuverlässigkeit der Lieferanten Just-in-Time und damit bei minimierter Lagerhaltung erfolgen.

⇒ **Streckenbestellung**

Sofern ein Baumarkt in einem Auftrag eine große Menge an Materialien eines Baustoffherstellers ordert und dieser über einen eigenen Fuhrpark verfügt, kann die Bestellung an den Lieferanten übergeben werden. Die Zahlungsabwicklung verbleibt bei Wiedenhagen. Die Abteilung Auftragserfassung entscheidet, ob eine Bestellung über die Strecke erfolgt und führt ggf. den im hohen Maße automatisierten Bestellvorgang durch.

Das wichtigste Hilfsmittel im SAP-System ist für den Disponenten die in Abb. 6 dargestellte *Aktuelle Bedarfs-/ Bestandsliste* (*Logistik* → *Materialwirtschaft* → *Bestandsführung; Umfeld* → *Bestand* → *Akt.Bed./Best.Liste;* Ausprägung *Großer Kopf* [MD04]).

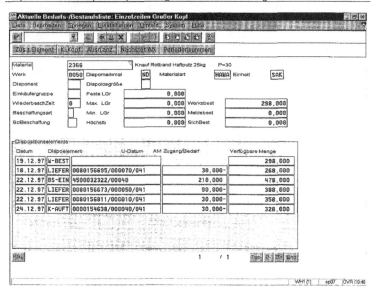

Abb. 6: Aktuelle Bedarfs-/ Bestandsliste

Diese Liste gibt für ein Material in einem bestimmten Werk Auskunft über die Verfügbarkeit im Zeitablauf. Sie stellt folgende Sachverhalte dar:

⇒ **W-BEST (Verfügbarer Werksbestand)**

Dem Disponenten wird der aktuelle Lagerbestand (Buchbestand) angezeigt. Der Umfang ist identisch mit dem Wert im Feld *Werksbestand* im Belegkopf.

⇒ **K-AUFT und LIEFER (Kundenaufträge und Lieferungen)**

Das System zeigt erfaßte offene Kundenaufträge sowie bereits zur Kommissionierung freigegebene Aufträge (Lieferungen). Beide Dispositionselemente vermindern den verfügbaren Bestand. Eine Lieferung verbleibt in der Liste bis zum Zeitpunkt der Warenausgangsbuchung.

⇒ **BS-EIN (Bestellung)**

Die *aktuelle Bedarfs-/ Bestandsliste* informiert den Disponenten über offene Bestellungen. Der verfügbare Bestand wird um die Bestellmenge erhöht.

Angesichts der Vielzahl an Waren ist eine vollständige Disposition mit Hilfe dieser Liste zu zeitaufwendig. Der Disponent wäre bei Unterlassung des

Lagerrundgangs gezwungen, für jedes Material die Liste einzeln aufzurufen und auszuwerten. Er erhält zwar detailliertere Informationen, aufgrund der unzureichend vorliegenden Kundenaufträge kann er trotzdem auf eine subjektive Schätzung des Bedarfs bzw. der notwendigen Bestellmenge nicht verzichten.

Die Hauptproblematik der derzeitigen Vorgehensweise bei Wiedenhagen kann graphisch aufgezeigt werden. Die Abb. 7 zeigt Wareneingangs- und Warenausgangsbelege bei einem A-Material im Jahr 1997. Sie wurden dem SAP-System entnommen und in einer Tabellenkalkulation kumuliert.

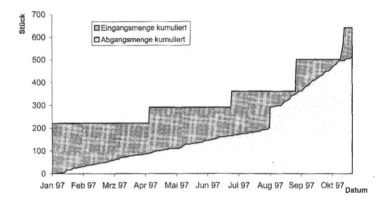

Abb. 7: Kumulierte Wareneingangs- und Warenausgangsmengen

Im ersten Halbjahr 1997 läßt sich ein zu hoher Lagerbestand (dunkle Fläche) feststellen. Trotzdem wurde im April und Juni zusätzlich Ware bestellt. Gründe hierfür sind vor allem:

- Es bestand eine Transportmöglichkeit und der Disponent war unsicher über die Höhe des Lagerbestands. Eine Entscheidung in der Tourenplanung mußte schnell getroffen werden.
- Der Materialbedarf wurde überschätzt.

Im zweiten Halbjahr wurde hingegen aufgrund der sprunghaft angestiegenen Nachfrage ab August 1997 (evtl. hervorgerufen durch eine neue Listung bei einer Baumarkt-Kette) durch den Lagerrundgang erst sehr spät festgestellt, daß kein ausreichender Bestand vorhanden ist. Die Lieferbereitschaft war dadurch gefährdet.

Die Erfassung der Bestellung im System erfolgt manuell *(Logistik → Material-wirtschaft → Einkauf; Bestellung → Anlegen → Lieferant bekannt [ME21])*. Beim Anlegen einer Bestellung muß der Disponent insbesondere die Kreditorennummer, das Lieferdatum, die Materialnummern und die Bestellmengen manuell eingeben bzw. über das System heraussuchen. Die Bezugsquelle sowie Preise und Konditionen der Waren werden aus den Einkaufsinfosätzen übernommen.

Bestellübermittlung

Nachdem der Disponent eine Bestellung angelegt hat, wird diese ausgedruckt und per Fax an den Lieferanten übermittelt. Der Lieferant wird daraufhin i.d.R. die Bestelldaten manuell in sein Computersystem eingeben. Dieser Wechsel zwischen manueller und DV-gestützter Bearbeitung (Medienbruch) läßt sich vermeiden, sofern man die Daten in elektronischer Form (EDI) übermittelt. Bei Wiedenhagen wird derzeit EDI im Distributionsprozeß implementiert (Auftragserfassung und Fakturierung), der Einsatz bietet sich aber auch an vielen Stellen des Beschaffungsprozesses an. Das Konzept wird nachfolgend ausführlicher erläutert, in den folgenden Subprozessen wird darauf Bezug genommen.

Unter EDI (Electronic Data Interchange bzw. Elektronischer Datenaustausch) versteht man den elektronischen Austausch von strukturierten Daten zwischen DV-Anwendungssystemen in einem Standardformat.[84] Große Baumarkt-Ketten (Praktiker, Hornbach etc.) haben bereits EDI in den Ablauf ihrer Geschäftsprozesse integriert und fordern von Wiedenhagen die EDI-Fähigkeit. Zunehmend befaßt sich auch eine Vielzahl großer Baustoffhersteller mit der EDI-Einführung. Als Vorteile des elektronischen Datenaustauschs werden genannt:[85]

- Reduktion des administrativen Aufwands
- Vermeidung einer mehrfachen Erfassung
- Verminderung der Fehlerquellen
- Verbesserung des Informationsflusses

---

[84] Vgl. DEDIG (1995), S. 11
[85] Vgl. Bünger (1995), S. 10

Voraussetzung für den erfolgreichen Einsatz von EDI ist ein Mindestmaß an Transaktionen, intensive Geschäftsbeziehungen und eine im Vorfeld abgeschlossene innerbetriebliche Ablaufoptimierung.[86] Ein für die Einführung verantwortliches Projektteam aus mehreren Bereichen des Unternehmens sollte insbesondere organisatorische Aspekte im Unternehmen modifizieren sowie die erforderlichen Anpassungen im DV-System verantwortlich vornehmen.[87]

Die technischen Aspekte des EDI-Konzepts in Verbindung mit dem R/3-System verdeutlicht Abb. 8. Die Darstellung zeigt den Informationsfluß bei einem Versand von Daten aus dem R/3-System (z.B. einer Bestellung) zu einem externen Geschäftspartner (z.B. Lieferanten).

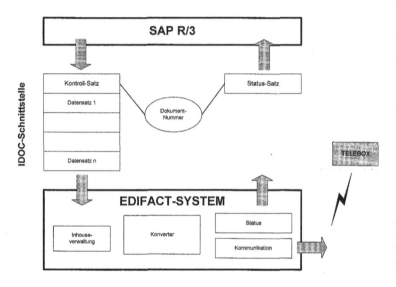

Abb. 8: SAP R/3 und EDI [88]

Die Daten eines SAP-Belegs (Bestellung) werden über die sog. IDoc-Schnittstelle des R/3-Systems in Form eines IDoc's (Intermediate Document, Inhouse Format von SAP) gespeichert.

---

[86] Vgl. Gebker (1995), S. 21
[87] Vgl. Gebker (1995), S. 22
[88] Entnommen aus DEPRO (1996), S. 7-13

Ein IDoc-Typ enthält folgende Bestandteile (Satzarten):[89]

- Kontrollsatz – seine Aufgabe ist die eindeutige Identifizierung des IDoc's
- Datensätze – sie enthalten die Daten der SAP-Belege
- Statussätze – sie dokumentieren die einzelnen Bearbeitungszustände

Ein Subsystem, das von einem externen DV-Dienstleistungsunternehmen bezogen wird,[90] setzt die IDoc-Typen des R/3-Systems mittels eines Konverters in EDI-Nachrichtentypen um. Der umgewandelte Nachrichtentyp ist vorzugsweise vom Typ EDIFACT (Electronic Data Interchange for Adminstration, Commerce and Transport). EDIFACT ist ein auf internationaler Ebene weltweit einheitlicher und branchenneutraler Nachrichtenstandard für die elektronische Abwicklung von Geschäftsvorgängen.[91] Über einen Mailbox-Service (z.B. Telebox 400 der Deutschen Telekom) wird die EDIFACT-Datei an den Lieferanten verschickt. Der Lieferant wandelt daraufhin umgekehrt die EDIFACT-Datei über einen Konverter in sein Inhouse-Format um und liest dieses dann in sein DV-Anwendungssystem ein.

Allerdings wird derzeit erwägt, die Bestellwege im Rahmen von ECR (Efficient Consumer Response) generell zu verändern.[92] Dabei handelt es sich um einen umfassenden Ansatz zur Optimierung der Zusammenarbeit zwischen Handel und Industrie. Im Teilbereich des Continuous Replenishment (CRP) ersetzt der Handel die Bestellung beim Lieferanten durch die Übermittlung der Lagerbestands- und/oder Abverkaufsdaten. Die Verantwortung für die Verfügbarkeit der Ware wird dadurch auf den Lieferanten verlagert, der wiederum aufgrund der übermittelten Daten besser planen kann. Diese Plandaten sendet der Lieferant daraufhin als Lieferavis an den Handel.[93] Eine solche Prozeßneugestaltung kann nur mit Hilfe des elektronischen Datenaustausches erfolgen.

3.3.3 Wareneingang

Der Funktionsumfang des Wareneingangs reicht von der Wareneingangsplanung über die Warenannahme, Warenkontrolle, Annahme der Retouren und

---

[89] Vgl. zur IDoc-Schnittstelle SAP (1997a), Anwendungsübergreifende Funktionen → Die IDoc-Schnittstelle für EDI → Referenzhandbuch

[90] Vgl. Gebker (1995), S. 19

[91] Vgl. Bünger (1995), S. 2

[92] Vgl. Coorganisation (1996), S. 37

[93] Vgl. Ritter (1996), S. 26 f.; vgl. dazu ausführlich Brands (1997), S. 24-28

physischen Einlagerung der Ware bis zur Wareneingangserfassung.[94] Interner Kunde des Wareneingangs ist u.a. die Rechnungsprüfung.

Die Wareneingangserfassung im R/3-System beginnt bei Wiedenhagen manuell. Aufgabe des Sachbearbeiters ist es, die vom Lagerpersonal kontrollierten Lieferscheine mit der zugehörigen, im System hinterlegten Bestellung zu vergleichen (*Logistik → Materialwirtschaft → Bestandsführung; Warenbewegung → Wareneingang → zur Bestellung [MB01]*). Die Verbuchung des Wareneingangs führt u.a. zur Mengenfortschreibung in den Materialstammsätzen, der Wertfortschreibung der gleitenden Durchschnittspreise sowie zur Fortschreibung der Sachkonten in der Buchhaltung. Der Wert der Lieferung (Menge * Bestellpreis) wird dabei dem Bestandskonto gutgeschrieben. Auf das WE/RE-Verrechnungskonto (Wareneingangs-/ Rechnungseingangskonto) erfolgt die Gegenbuchung.[95]

Ein großer Nachteil der manuellen Wareneingangserfassung ist der hohe Personal- und Zeitbedarf sowie die Fehleranfälligkeit. Die Ware kann das Werk solange nicht verlassen, bis der Wareneingang gebucht wurde. Eine fehlerhafte Wareneingangsbuchung kann nicht mehr korrigiert werden, wenn zwischenzeitlich eine Warenausgangsbuchung erfolgte und die im Lager vorhandene Menge die zu stornierende aus der Wareneingangsbuchung unterschreitet. Eine Abhilfe dieses Problems verspricht die automatische Datenerfassung (ADC = Automatic Data Capture). ADC dient dazu, Ware an einer bestimmten Funktionsstelle zu identifizieren und die Daten mit Hilfe von EDI Dritten zu übermitteln.[96]

Unter Verbindung einer speziellen Logistiksoftware eines externen DV-Anbieters (Subsystem) mit dem R/3-System kann z.B. eine automatische Vereinnahmung von Ware beim Wareneingang erfolgen. Dazu wird die Bestellnummer auf dem Lieferschein via Barcode durch ein MDE-Gerät (Mobiles Datenerfassungsgerät, z.B. Handheldterminal) auf der Ebene des Subsystems eingelesen und an R/3 gesendet. Das Subsystem erhält von R/3 die zugehörigen Bestelldaten und kann die Lieferpositionen mit den Bestellda-

---

[94] Vgl. Becker/Schütte (1996), S. 202
[95] Vgl. allgemein zum Wareneingang SAP (1996a), S. 6-4 f.
[96] Vgl. Coorganisation (1997), S. 43

ten abgleichen. Das SAP-System erhält nach Abschluß dieses Prozesses die Ergebnisse und kann die Wareneingänge verbuchen. Die eigentlichen Daten zwischen R/3 und dem Subsystem werden in Form von IDoc's ausgetauscht.[97]

Voraussetzung für eine automatische Datenerfassung ist die Beschriftung der Ware mit einem Barcode. Die Beschriftung ist vorzugsweise vom Hersteller nach dem EAN-Standard (EAN = Internationale Artikelnummer, ehemals Europäische Artikelnummer)[98] vorzunehmen. Baumärkte bedienen sich bei ADC und EDI des internationalen EANCOM-Standards, dieser stellt ein sog. Subset des EDIFACT-Standards dar.[99]

Bei Wiedenhagen sollten bei der Entscheidung für eine automatische Warenerfassung folgende Gesichtspunkte berücksichtigt werden:

- Die Pflege von EAN-Nummern in den Stammsätzen wird bedingt durch den Einsatz von EDI schon heute für die Mehrzahl an Artikeln vorgenommen. Auch die Beschriftung der Ware durch einen Barcode wird zunehmend von den Baumärkten gefordert. Diese benutzen den Barcode vorwiegend zur Erfassung der Verkaufsvorgänge an Scannerkassen.

- Die automatische Warenerfassung kann sowohl beim Warenein- als auch Warenausgang verwendet werden. Vorteile ergeben sich insbesondere durch geringere Durchlaufzeiten und zuverlässige Bestandsdaten im System.

- Durch die intensive Nutzung von EAN-Nummern wird die Korrektheit dieser Nummern sichergestellt. Bisher wird Wiedenhagen nur durch Reklamationen der Baumärkte auf Fehler hingewiesen.

3.3.4 Rechnungsprüfung

In der Rechnungsprüfung werden eingegangene Rechnungen und Gutschriften erfaßt, auf sachliche, preisliche und rechnerische Richtigkeit geprüft und die resultierenden Kontobewegungen verbucht. Interner Kunde der Rechnungsprüfung ist die Kreditorenbuchhaltung.

---

[97] Vgl. Prieschenk (1996), S. 39 f.
[98] Vgl. Coorganisation (1996a), S. 38; (die EAN-Nummer ist nur ein Bestandteil des EAN-Nummernsystems)
[99] Vgl. DEDIG (1995), S. 8

Derzeit erfolgt die Rechnungserfassung manuell, wobei nur die Eingabe der Rechnungssummen, getrennt nach Mehrwertsteuersätzen notwendig ist *(Logistik → Materialwirtschaft → Rechnungsprüfung; Belegerfassung → Rechnung hinzufügen[MRHR])*. Bezugsnebenkosten (z.B. Frachtkosten) und Palettenbestände werden getrennt erfaßt. Die Rechnungsprüfung erfolgt i.d.R. in Bezug auf eine Bestellung. Der bewertete Wareneingang wird vom System mit dem vom Lieferanten in Rechnung gestellten Betrag verglichen. Befinden sich Abweichungen innerhalb eines tolerierbaren Bereichs, kann die Fachabteilung die Rechnung verbuchen, anderenfalls ist eine sachliche Klärung der Differenz vorzunehmen. Mit der Buchung der Rechnung werden die entsprechenden Konten der Finanzbuchhaltung angesprochen und das WE/RE-Verrechnungskonto ausgeglichen.[100]

Auch im Bereich Rechnungserfassung nehmen die Bestrebungen zwischen Industrie und Handel zu, die Rechnungen elektronisch (EDI) zu übertragen.[101] Der Empfang von Daten ist zwar aufwendiger zu implementieren, der Nutzen durch Wegfall der Dateneingabe und der manuellen Prüfung ist für das Unternehmen jedoch höher.[102]

Das Hauptproblem der Rechnungsprüfung besteht bei Wiedenhagen aufgrund der hohen Integration des Systems in diesem Bereich jedoch in der mangelnden Qualität der Stammdaten sowie der Bestell- und Wareneingangsbelege. Optimierungen der Stammdatenpflege, der Materialdisposition und des Wareneingangs werden die Effizienz der Rechnungsprüfung deshalb steigern.

3.3.5 Kreditorenbuchhaltung

Die Hauptaufgabe der Kreditorenbuchhaltung stellt die Regulierung der offenen Posten durch Zahlung an den Lieferanten dar. Mit Abschluß der Regulierung endet auch der Beschaffungsprozeß.[103]

Die Regulierung ist bei Wiedenhagen bereits bedingt durch die Funktionalität des FI-Moduls in hohem Maße automatisiert. Zur Regulierung wird zweimal wöchentlich über das System eine Zahlungsvorschlagsliste erstellt *(Rech-*

---

[100] Vgl. allgemein zur Rechnungsprüfung SAP (1996a), S. 8-2
[101] Vgl. Becker/Schütte (1996), S. 232; vgl. SAP (1996b), S. 4-8
[102] Vgl. Gebker (1995), S. 25
[103] Vgl. Becker/Schütte (1996), S. 249

nungswesen → Finanzwesen → Kreditoren ; Periodische Arbeiten → Zahlen [FI101]). Die Zahlungsvorschlagsliste enthält alle Kreditorenkonten, bei denen im vorgegebenen Zeitraum Zahlungsfälligkeiten anstehen. Nach verschiedenen Überprüfungen (Skonto, Fälligkeit usw.) werden die zur Buchung freigegeben Zahlungen auf einer Diskette gespeichert (ASCII-Format) und per Post an die jeweilige Bank verschickt. Die Verbindlichkeiten auf den Kreditorenkonten werden mit diesem Schritt ausgeglichen, als Gegenkonto dient das sog. Banktransitkonto. Letzteres wird mit dem Eintreffen der Bankauszüge durch das Clearing (Vergleich der Bankauszüge mit dem Transitkonto) ausgeglichen. Die Buchungen auf den Personenkonten schlagen sich automatisch in den Bilanzkonten des Hauptbuchs nieder. [104]

Es werden bereits Verhandlungen mit Banken geführt, den Zahlungsverkehr durch das Electronic Banking weiter zu optimieren. Diese Softwaresysteme bieten neben Abruf, Verwaltung und Auswertung von Kontoinformationen die Erstellung und Verwaltung von Zahlungsverkehrsaufträgen sowie deren standardisierte beleglose Abwicklung per Datenfernübertragung an.[105]

---

[104] Vgl. allgemein zur Kreditorenbuchhaltung SAP (1996b), S. 4-13 f.
[105] Vgl. z.B. Commerzbank (1997)

4   DV-gestützte Materialdisposition

Das Unternehmen Wiedenhagen verbindet mit der Einführung einer DV-gestützten Materialdisposition folgende wesentliche Veränderungen bzw. Vorteile:

ISTZUSTAND		SOLLZUSTAND
Subjektive Bedarfsschätzung	⇒	Bedarfsvorhersage durch das System
Täglicher Lagerrundgang	⇒	Kontinuierliche Überwachung des Lagerbestands durch das System
Hohe und/oder unpassende Sicherheitsbestände	⇒	Niedrige und richtig bemessene Sicherheitsbestände
Gleichbehandlung aller Materialien	⇒	Setzen von Schwerpunkten anhand von ABC- und XYZ-Analysen
Ungenügende Auswertungs-möglichkeiten im System	⇒	Schnelle, auf den Hersteller bezogene Auswertungsmöglichkeit für verbesserte Tourenplanung
Manuelle Eingabe der Bestellung	⇒	Bestellvorschlag durch das System
Fehlende Kontrollinstrumente	⇒	Aussagefähiges Kennzahlensystem

Bevor auf die konkrete Einführung bei Wiedenhagen eingegangen wird, werden theoretische Grundlagen vermittelt sowie die Möglichkeiten des R/3-Systems aufgezeigt.

4.1   Theoretische Grundlagen

Grundlage einer wirtschaftlichen Materialdisposition ist die Kenntnis des zukünftigen Materialbedarfs.[106] Der Materialbedarf umfaßt die Menge an Material, die zu einem bestimmten Termin benötigt wird, um Kundenaufträge erfüllen zu können. Ordnet man diesen einer Planperiode zu, spricht man auch

---

[106] Vgl. Hartmann (1993), S. 235

vom Periodenbedarf.[107] Neben der subjektiven Bedarfsschätzung unterscheidet man die deterministische und verbrauchsorientierte Bedarfsrechnung.[108]

Die **deterministische Bedarfsrechnung** ermittelt den Bedarf auf Basis erfaßter Kundenaufträge. Sie liefert die exaktesten Ergebnisse, bedingt aber die Übermittlung der Aufträge mit einem großen zeitlichen Vorlauf. Im Handel wird dieses Verfahren deshalb überwiegend im Aktionsgeschäft eingesetzt.[109]

Bei der **verbrauchsorientierten Bedarfsrechnung** wird der Materialbedarf aufgrund der Verbrauchsentwicklung in der Vergangenheit prognostiziert. Es wird unterstellt, daß sich die Zukunft ähnlich entwickelt wie die Vergangenheit verlaufen ist. Da die angewandten Berechnungsverfahren auf der Wahrscheinlichkeitstheorie beruhen, spricht man auch von stochastischer Bedarfsrechnung.[110]

Ist der Materialbedarf ermittelt, sind die Bedarfsmengen und -termine in Bestellmengen und -termine umzusetzen. Dies ist Aufgabe der **Dispositionsverfahren**,[111] andere gängige Bezeichnungen sind Bestell- oder Lagerhaltungssysteme. Bei einer **plangesteuerten Disposition** orientiert man sich mehrheitlich am deterministisch ermittelten Bedarf, die **verbrauchsgesteuerte Disposition** stützt sich auf Vergangenheitswerte.[112]

Wie hoch die Bestellmenge letztlich ausfällt, ist durch eine **Losgrößen-** bzw. **Bestellmengenrechnung** festzulegen. Es kann z.B. aufgrund von Mengenrabatten sinnvoll sein, eine höhere Menge als den Nettobedarf (Bedarf abzüglich des verfügbaren Bestands) zu bestellen. Als Einflußfaktoren sind hierbei v.a. die Kosten des Beschaffungsprozesses zu betrachten.[113]

Da bei Wiedenhagen Kundenaufträge i.d.R. nicht frühzeitig genug vorliegen, wird im folgenden nur die verbrauchsorientierte Bedarfsrechnung erläutert. Im Anschluß wird ein Überblick über die in der Literatur gängigen Dispositions-

---

[107] Vgl. Hartmann (1993), S. 228
[108] Vgl. Hartmann (1993), S. 235
[109] Vgl. Becker/Schütte (1996), S. 174
[110] Vgl. Zeigermann S. 57 f.; vgl. Hartmann (1993), S. 258
[111] Vgl. Hartmann (1993), S. 295
[112] Vgl. ebenda
[113] Vgl. Oeldorf/Olfert (1995), S. 257

verfahren gegeben, dabei wird die Bestellpunktdisposition genauer betrachtet. Abschließend werden wirtschaftliche Gesichtspunkte dargestellt.

4.1.1 Verbrauchsorientierte Bedarfsrechnung

Ausgangspunkt der verbrauchsorientierten Bedarfsrechnung sind Aufzeichnungen der Materialbewegungen der Vergangenheit, die in zuverlässiger Qualität und für eine ausreichende Anzahl Vergangenheitsperioden verfügbar sein müssen. Diese sind in einer Verbrauchsstatistik zusammenzustellen, bei der die Verbrauchsmengen eines Materials innerhalb Perioden gleicher Dauer, z.B. zwei Wochen oder ein Monat, kumuliert werden (vgl. Abb. 9, BB = Bewerteter Bestand; Abg = Abgänge).[114]

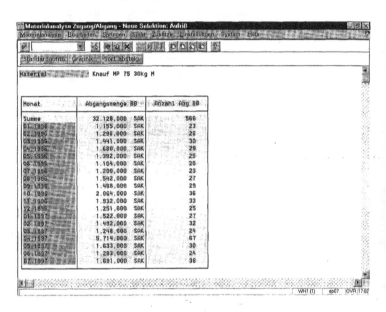

Abb. 9: Materialabgänge in der Verbrauchsstatistik

Bei der Analyse einer Verbrauchsreihe lassen sich bestimmte Gesetzmäßigkeiten feststellen, woraus unterschiedliche Prognosemodelle abgeleitet werden.[115] Bei einer graphischen Darstellung der Verbrauchsstatistik lassen

---

[114] Vgl. Hartmann (1993), S. 259, S. 261
[115] Vgl. Tempelmeier (1992), S. 39

sich Gesetzmäßigkeiten, wie z.B. saisonaler Spitzenbedarf im Frühjahr und im Herbst, leicht feststellen (vgl. Abb. 10, mit Daten der Abb. 9).

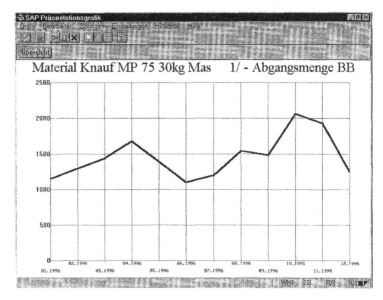

Abb. 10: Graphische Darstellung einer Verbrauchsstatistik

Für die verschiedenen Prognosemodelle stehen eine Vielzahl mathematischer Verfahren zur Verfügung, die den Materialbedarf in die Zukunft extrapolieren. Die Qualität einer Prognose ist von korrekten Aufzeichnungen, der Auswahl des Berechnungsverfahrens sowie von der Wahl des Verbrauchszeitraums und des Prognoseintervalls abhängig.[116]

Je mehr Perioden der Vergangenheit berücksichtigt werden (Verbrauchszeit-raum), desto weniger wird die Vorhersage durch kurzfristige Schwankungen gestört (vgl. z.B. Periode 04.1997 in Abb. 9). Allerdings können bei geänderter Verbrauchssituation mit Strukturbruch (Knicke und Sprünge einer Zeitreihe) leichter irreführende Resultate anfallen.[117] Effiziente Berechnungsverfahren sehen eine unterschiedliche Gewichtung der Perioden vor. Eine gleichmäßige Berücksichtigung der Perioden ist bei vielen Zufallsschwankungen zweckmä-

---

[116] Vgl. Hartmann (1993), S. 262
[117] Vgl. Hartmann (1993), S. 263

ßiger, eine stärkere Berücksichtigung jüngerer Perioden führt indes zu einer schnelleren Anpassung an eine neue Situation.

Als geeignete Periodenlänge (Prognoseintervall) im Handel gilt ein wöchentliches oder vierzehntägiges Intervall.[118]

Im folgenden werden Prognosemodelle und zugehörige Berechnungsverfahren vorgestellt. Die Ausführungen begrenzen sich auf die Verfahren der Standardauslieferung des R/3-Systems, soweit diese bei Wiedenhagen eingesetzt werden.[119] Im Anschluß wird das Konzept der XYZ-Analyse erläutert sowie Methoden dargestellt, die Aussagen auf die Prognosequalität erlauben.

Konstanter Verbrauchsverlauf – Konstantmodell

Bei einem konstanten Verbrauchsverlauf schwanken die Verbrauchswerte um eine im wesentlichen stabile Verbrauchshöhe, Abweichungen vom Durchschnittswert unterliegen zufälligen Einflüssen.[120]

Die Bedarfsrechnung kann anhand der **Mittelwertbildung** (Durchschnittsbildung) erfolgen, diese unterscheidet zwei Ausprägungen. Beim gleitenden Mittelwert wird über n Perioden der Durchschnittswert der Verbrauchszahlen errechnet, wobei alle Periodenwerte mit 1/n gewichtet werden. Bei der gewogenen gleitenden Mittelwertbildung werden die Perioden mit Hilfe eines Gewichtungsschemas individuell gewichtet.[121]

Für den gleitenden Mittelwert gilt:[122]

$$(1)\ M_{(t+1)} = \frac{V_{(t)} + V_{(t-1)} + \ldots + V_{(t-n+1)}}{n}$$

[118] Vgl. Hartmann (1993), S. 263

[119] Bei allen folgenden Formeln werden bis auf wenige Ausnahmen zur Vereinheitlichung die Symbolbezeichnungen der SAP Online-Dokumentation benutzt. Da sich die Formeln der exponentiellen Glättung 1. Ordnung zusammengefaßt auf das Trend-Saisonmodell beziehen, werden bei den einzelnen Modellbeschreibungen die jeweils nicht relevanten Bestandteile gekürzt, vgl. SAP (1994a), Prognoseformeln → Die Prognosemodelle

[120] Vgl. SAP (1996a), S. 4-9

[121] Vgl. Oeldorf/Olfert (1995), S. 153

[122] SAP (1994a), Prognoseformeln → Die Prognosemodelle → Modell des gleitenden Mittelwerts

Dabei bedeuten:

$M_{(t+1)}$	Mittelwert bzw. Vorhersagewert für die nächste Periode
$V_{(t)}$	Verbrauchswert der Periode t (tatsächlich aufgetretener Verbrauch)
t	laufende Periode
n	konstante Periodenzahl, die in die Rechnung einbezogen werden soll

Bei den **Methoden der exponentiellen Glättung** (exponential smoothing) werden weniger Werte für die Berechnung benötigt und die Gewichtung der Perioden erfolgt komfortabler; diese nimmt mit zunehmenden Alter exponentiell ab. Durch sog. Glättungsfaktoren, mit Werten zwischen 0 und 1, wird die Gewichtung modifiziert.[123]

Bei einem Konstantmodell ist die Berechnung anhand der **exponentiellen Glättung 1. Ordnung** zweckmäßig. Grundlage ist der Vorhersagewert der abgelaufenen Periode, dazu wird der mit dem Glättungsfaktor α multiplizierte Prognosefehler - die Abweichung zwischen dem alten Vorhersagewert und dem tatsächlich aufgetretenen Verbrauch - addiert. Je höher α gewählt wird, desto stärker werden jüngere Perioden gewichtet.[124]

Für die exponentielle Glättung 1. Ordnung gilt:[125]

$$(2) \quad P_{(t+1)} = P_{(t)} + \alpha \times \left[V_{(t)} - P_{(t)} \right]$$

Dabei bedeuten:

$P_{(t)}$	Prognosewert der Periode t
α	Alphafaktor bzw. Glättungsfaktor für den Grundwert (0<α<1)

Trendförmiger Verlauf - Trendmodell

Ein trendbeeinflußter Bedarfsverlauf ist gegeben, wenn über einen längeren Zeitraum hinweg – unter Vernachlässigung von zufälligen Schwankungen – die

---

[123] Vgl. Oeldorf/Olfert (1995), S. 158
[124] Vgl. Oeldorf/Olfert (1995), S. 158 f.; vgl. zur Übersicht über die exponentielle Abnahme der Gewichtung Tempelmeier (1992), S. 51
[125] Vgl. SAP (1994a), Prognoseformeln → Die Prognosemodelle → Modell der exponentiellen Glättung 1. Ordnung

Vergangenheitszahlen steigen oder fallen.[126] Ein Trend kann linear oder nicht-linear verlaufen.

Als geeignete Berechnungsverfahren werden in der Literatur die exponentielle Glättung 2. Ordnung[127] und die Regressionsanalyse[128] empfohlen. Alternativ können auch verschiedene Varianten der exponentiellen Glättung 1. Ordnung, erweitert um zusätzliche Korrekturkomponenten, eingesetzt werden. Aufgrund seiner einfachen Handhabung und der Unterstützung aller wesentlichen Verbrauchsverläufe wird im Handel sehr häufig das **Verfahren nach Winters** angewandt.[129] Da dieses Verfahren auch die Standardeinstellung des R/3-Systems darstellt,[130] wird ihm besondere Bedeutung beigemessen.

Für das Trendmodell gilt bei exponentieller Glättung 1. Ordnung (nach Winters):[131]

$$(3)\quad G_{(t)} = G_{(t-1)} + T_{(t-1)} + \alpha \times \left[V_{(t)} - G_{(t-1)} - T_{(t-1)} \right]$$

$$(4)\quad T_{(t)} = T_{(t-1)} + \beta \times \left[G_{(t)} - G_{(t-1)} - T_{(t-1)} \right]$$

$$(5)\quad P_{(t+i)} = G_{(t)} + i \times T_{(t)}$$

Dabei bedeuten:

$G_{(t)}$	Grundwert der Periode t
$T_{(t)}$	Trendwert der Periode t
β	Betafaktor bzw. Glättungsfaktor für den Trendwert ($0 < \beta < 1$)
i	Vorhersagehorizont

Je höher β gewählt wird, desto stärker wird der Trendverlauf jüngerer Perioden berücksichtigt. Ein Beispiel zur Berechnung nach diesem Verfahren findet sich auf S. 87.

---

[126] Vgl. SAP (1996a), S. 4-9

[127] Vgl. Hartmann (1993), S. 283; vgl. Oeldorf/Olfert (1995), S. 159

[128] Vgl. Hartmann (1993), S. 287

[129] Vgl. Arnolds/Heege/Tussing (1990), S. 89

[130] Vgl. zur Übersicht über die möglichen Verfahren in R/3 Wenzel (1995), S. 237; vgl. zum Verfahren selber Winters (1965), S. 329 f.

[131] Vgl. SAP (1994a), Prognoseformeln → Die Prognosemodelle → Modell der exponentiellen Glättung 1. Ordnung

Saisonabhängiger Verlauf - Saisonmodell

Ein saisonaler Bedarfsverlauf zeichnet sich dadurch aus, daß zu periodisch wiederkehrenden Zeitpunkten abweichend von einem Grundwert Spitzen- oder Minimalbedarf auftritt.[132]

Beim Verfahren von Winters wird für jede Periode ein Saisonindex gebildet. Zwischen der glatten und der saisonalen Komponente wird ein multiplikativer Zusammenhang unterstellt:[133]

$$(6) \quad G_{(t)} = G_{(t-1)} + \alpha \times \left[\frac{V_{(t)}}{S_{(t)}} - G_{(t-1)} \right]$$

$$(7) \quad S_{(t+APS)} = S_{(t)} + \gamma \times \left[\frac{V_{(t)}}{G_{(t)}} - S_{(t)} \right]$$

$$(8) \quad P_{(t+i)} = G_{(t)} \times S_{(t+i)}$$

Dabei bedeuten:

$S_{(t)}$	Saisonindex der Periode t
APS	Anzahl der Perioden pro Saisonzyklus
γ	Gammafaktor bzw. Glättungsfaktor für den Saisonindex ($0 < \gamma < 1$)

Je höher γ gewählt wird, desto stärker wird das Saisonmuster jüngerer Perioden gewichtet. Als problematisch sieht Tempelmeier an, daß die Saisonfaktoren erst nach einem vollen Saisonzyklus aktualisiert werden. Da ein Saisonzyklus oft einem Zeitraum von 12 Monaten entspricht, kann sich die Anpassung bei einer grundlegenden Änderung des Saisonmusters je nach Ausprägung von γ auf mehrere Jahre hinstrecken.[134]

Saisonabhängiger Verlauf mit Trend – Trend-Saisonmodell

Bei einem trendsaisonalen Verbrauchsverlauf treten saisonale Schwankungen gepaart mit einem Trend auf. Die Berechnungsformel nach Winters ergibt sich

---

[132] Vgl. SAP (1996a), S. 4-9
[133] Vgl. SAP (1994a), Prognoseformeln → Die Prognosemodelle → Modell der exponentiellen Glättung 1. Ordnung; der Wert 12 wurde vom Autor ersetzt durch APS.
[134] Vgl. Tempelmeier (1992), S. 88

aus der Verknüpfung der beiden vorangegangenen Modelle:[135]

$$(9) \quad G_{(t)} = G_{(t-1)} + T_{(t-1)} + \alpha \times \left[\frac{V_{(t)}}{S_{(t)}} - G_{(t-1)} - T_{(t-1)} \right]$$

$$(10) \quad P_{(t+i)} = \left[G_{(t)} + i \times T_{(t)} \right] \times S_{(t+i)}$$

XYZ-Analyse

Bei der XYZ-Analyse werden die Materialien hinsichtlich ihrer Verbrauchs-struktur geordnet und klassifiziert. Dabei wird unterstellt, daß mit zunehmender Komplexität der Verbrauchsverläufe die Vorhersagegenauigkeit abnimmt. Die Materialien werden mit den folgenden Klassifizierungssymbolen bezeichnet:[136]

⇒ X – Material

Der Verbrauch ist gleichmäßig (Konstantmodell), die Vorhersagegenauig-keit ist hoch.

⇒ Y – Material

Der Verbrauch unterliegt trendbeeinflußten und/oder saisonalen Einflüssen (Trendmodell, Saisonmodell, Trend-Saisonmodell). Es besteht eine mittlere Vorhersagegenauigkeit.

⇒ Z - Material

Der Verbrauch verläuft völlig unregelmäßig und/oder tritt nur sporadisch auf, z.B. bei Modeartikeln oder Ersatzteilen. Da bei Z-Materialien die Vor-hersagegenauigkeit niedrig ist, sollte - wenn möglich - auf eine mathemati-sche Vorhersage verzichtet werden.

Fehlerberechnung

Wichtiger Bestandteil der stochastischen Bedarfsermittlung ist die Erfassung und Kontrolle der Vorhersagefehler. Die Verfahren der Fehlerberechnung unterstellen, daß sich bei adäquatem Prognosemodell und Berechnungsverfah-ren die Abweichungen der Vorhersagen über einen längeren Zeitraum hinweg

---

[135] SAP (1994a), Prognoseformeln → Die Prognosemodelle → Modell der exponentiellen Glättung 1. Ordnung
[136] Vgl. Hartmann (1993), S. 154 f.

um den arithmetischen Mittelwert im Sinne einer Gauß'schen **Normalverteilung** gruppieren.[137]

Mit der **Standardabweichung** σ **(SIGMA)** kann die Streuung zwischen den Vorhersagen und den Abweichungen um das arithmetische Mittel beurteilt werden. Eine große Standardabweichung bedeutet eine schlechte Vorhersage, da die Werte weit um das arithmetische Mittel gestreut sind. Ist σ klein, weist die Vorhersage nur geringe Schwankungen gegenüber der tatsächlichen Entwicklung auf.[138]

Ein vereinfachtes, in der Praxis häufig angewandtes Verfahren der Fehlervorhersage ist die Berechnung der **mittleren absoluten Abweichung**, kurz MAD (medium absolute deviation). Der MAD ist der Mittelwert der als positiv betrachteten Prognosefehler.[139] Bei Normalverteilung steht der MAD mit der Standardabweichung SIGMA in folgender Beziehung:[140]

$$SIGMA \approx 1{,}25 * MAD$$

Die Berechnung des MAD kann z.B. mit Hilfe der exponentiellen Glättung erfolgen:[141]

$$(11) \quad MAD_{(t+1)} = MAD_{(t)} + \delta * \left(\left| P_{(t)} - V_{(t)} \right| - MAD_{(t)} \right)$$

Dabei bedeuten:

$MAD_{(t)}$	mittlere absolute Abweichung der Periode t
δ	Deltafaktor bzw. Glättungsfaktor für den MAD ($0 < \delta < 1$)

Je höher δ gewählt wird, desto stärker werden die Prognosefehler jüngerer Perioden gewichtet.

[137] Vgl. Hartmann (1993), S. 289 f.; vgl. Zeigermann S. 80; vgl. Tempelmeier (1992), S. 37
[138] Vgl. Hartmann (1993), S. 290 f.; vgl. Zeigermann S. 80
[139] Vgl. Hartmann (1993), S. 292 f.; vgl. Zeigermann S. 81; vgl. Tempelmeier (1992), S. 38
[140] Vgl. SAP (1994a), Prognoseformeln → Berechnung des Sicherheits- und Meldebestands
[141] Vgl. Zeigermann (1970), S. 81 f.

4.1.2 Dispositionsverfahren

Die Dispositionsverfahren sind in Theorie und Praxis nicht eindeutig definiert.[142] Da eine wirtschaftliche Materialdisposition meist ein EDV-System voraussetzt, werden die Verfahren in der Praxis vom jeweiligen Computersystem geprägt.[143] Die Abb. 11 zeigt eine allgemeine Untergliederung der Dispositionsverfahren nach Hartmann und stelt gleichzeitig die Relevanz für Wiedenhagen (vgl. Ausführungen auf S. 25) dar.

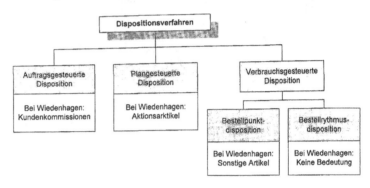

Abb. 11: Dispositionsverfahren[144]

Bei der **auftragsgesteuerten Disposition**, die auch als Sonderfall der plange-steuerten Disposition gilt, wird der Bedarf aufgrund von (speziellen) Kunden-aufträgen beschafft. Da ein Lagerbestand nicht üblich ist, ist ein Kundenauf-trag lediglich in eine Bestellung umzusetzen.[145]

Die **plangesteuerte Disposition** orientiert sich an erfaßten Kundenaufträgen der Gegenwart und an einen weiteren, auf Basis von Verbrauchsdaten der Vergangenheit prognostizierten Zusatzbedarf. Der insgesamt ermittelte Bruttobedarf wird in einer Nettobedarfsrechnung den verfügbaren Beständen periodisch gegenübergestellt.[146]

Bei der **Bestellpunktdisposition** wird eine Bestellung ausgelöst, wenn bei einer Bestandsüberprüfung festgestellt wird, daß der Lagerbestand zuzüglich offener Bestellungen (Bestellbestand) einen bestimmten Meldebestand

---

[142] Vgl. Hartmann (1993), S. 295
[143] Vgl. Oeldorf/Olfert (1995), S. 179
[144] Entnommen und ergänzt aus Hartmann (1993), S. 296
[145] Vgl. Hartmann (1993), S. 298 f.
[146] Vgl. Hartmann (1993), S. 300 f.

unterschritten hat. Als **Bestellpunkt** wird der Zeitpunkt der Unterschreitung bezeichnet, der Begriff wird aber auch synonym für den Meldebestand verwendet.[147] Der **Meldebestand** stellt die notwendige Menge an Material dar, um den Bedarf zwischen der Bestellauslösung und der Bereitstellung im Lager zu decken (**Wiederbeschaffungszeit**).[148] Er umfaßt einen **Sicherheitsbestand**, der die Leistungsbereitschaft des Unternehmens im Fall von unerwartetem hohen Absatz, Lieferschwierigkeiten der Lieferanten und Bestandsunsicherheiten im eigenen Lager (Buchbestand <> Lagerbestand) gewährleisten soll. Die Höhe des Meldebestands ist so festzulegen, daß der Sicherheitsbestand im Normalfall nicht angegriffen wird.[149] Die Abb. 12 zeigt den Zusammenhang graphisch. Dabei werden vereinfacht konstante Bedingungen für die Lagerzu- und -abgänge sowie für die Wiederbeschaffungszeit angenommen (sog. "Sägezahnkurve").

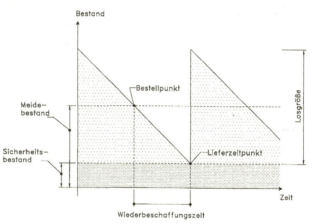

Abb. 12: Bestellpunktdisposition unter optimalen Bedingungen[150]

In der Praxis werden der Sicherheitsbestand SB und der Meldebestand MB häufig mit Hilfe von Näherungsrechnungen ermittelt, z.B.:[151]

SB = Durchschnittlicher Verbrauch je Periode * Beschaffungsdauer

MB = Verbrauch je Periode * Lieferzeit + Sicherheitsbestand

---

[147] Vgl. Zeigermann (1970), S. 142 f.
[148] Vgl. Oeldorf/Olfert (1995), S. 197
[149] Vgl. ebenda
[150] Entnommen aus SAP (1996a), S. 4-3
[151] Vgl. Oeldorf/Olfert (1995), S. 176 f.

Melde- und Sicherheitsbestand werden nicht auf Dauer festgelegt. Zum Zweck einer wirtschaftlichen Materialdisposition werden sie in regelmäßigen Abständen der jeweiligen Verbrauchs- und Liefersituation angepaßt. Bei permanenter Anpassung durch ein EDV-System spricht man auch vom gleitenden Sicherheitsbestand[152] bzw. gleitenden Bestellpunkt.[153]

Die Bestellpunktdisposition zeigt dem Disponenten nur an, wann er bestellen sollte. Die zu bestellende Menge bzw. **Losgröße** muß der Disponent selbst bestimmen. Dabei wird üblicherweise entweder eine feste Losgröße bestellt (z.B. 5 Paletten) oder das Lager wird bis zu einem bestimmten Grundbestand bzw. Höchstbestand aufgefüllt.[154]

4.1.3 Wirtschaftliche Gesichtspunkte

Die Qualität einer Materialdisposition zeigt sich in der Höhe des im Lager gebundenen Kapitals, der Lieferbereitschaft und in der Umschlagshäufigkeit.[155] Relevante Kosten, die im Rahmen der Warenbeschaffung zu berücksichtigen sind, zeigt Abb. 13.[156]

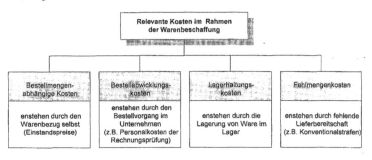

Abb. 13: Relevante Kosten im Rahmen der Warenbeschaffung

Bei Wiedenhagen steht die Senkung der **Lagerhaltungskosten** im Vordergrund. Diese werden untergliedert in Lagerraumkosten (Abschreibungen auf das Lagergebäude und Lagerinventar, Instandhaltungskosten etc.), Lagervorratskosten (v.a. Kapitalbindungskosten) und Lagerverwaltungskosten (z.B.

---

[152] Vgl. Hartmann (1993), S. 384
[153] Vgl. Oeldorf/Olfert (1995), S. 178
[154] Vgl. Hartmann (1993), S. 317
[155] Vgl. Zeigermann (1970), S. 134
[156] Ähnlich vgl. Oeldorf/Olfert (1995), S. 257

Gehälter der im Lager beschäftigten Mitarbeiter).[157] Kapitalbindungskosten werden durch den Wert der eingelagerten Materialien, der Dauer der Lagerung und den anzusetzenden kalkulatorischen Zinssatz bestimmt.[158]

Die Höhe der Lagerhaltungskosten steht in enger Verbindung mit dem **Liefer-bereitschaftsgrad**. Dieser gibt als Prozentsatz an, welche Anteile an Bedarfs-anforderungen das Lager auszuführen imstande sein soll.[159] Häufig wird ein Lieferbereitschaftsgrad von 90-95% als ausreichend gesehen, da die Lager-haltungskosten überproportional ansteigen (vgl. Abb. 14).[160] Baumärkte fordern eine Lieferbereitschaft von 95-96%. Bei Nichterfüllung drohen Wiedenhagen hohe Konventionalstrafen oder sogar Verlust der Kundenverbindung.

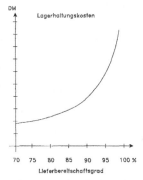

Abb. 14: Überproportionaler Anstieg der Lagerhaltungskosten[161]

Optimale Bestellmengenmodelle, wie z.B. die klassische Losgrößenformel, versuchen, zwischen der Minimierung der Bestellkosten je Stück und der Minimierung der Lagerhaltungskosten ein „Optimum" (optimale Bestellmenge) zu finden.[162]

Lagerkennzahlen erleichtern die Überwachung der Wirtschaftlichkeit im Lager. Sie können dazu dienen, Mängel der Dispositionsverfahren oder der vom Disponenten einzugebenden Steuerungsdaten zu erkennen und zu korrigie-

---

[157] Vgl. Groh/Schröer (1996), S. 317
[158] Vgl. Hartmann (1993), S. 352
[159] Vgl. Oeldorf/Olfert (1995), S. 180
[160] Vgl. ebenda
[161] Entnommen aus Oeldorf/Olfert (1995), S. 180
[162] Lösungsansätze zur optimalen Bestellmenge sind in der Literatur sehr umfangreich beschrieben, vgl. hierzu z.B. Hartmann (1993), S. 357-381, Arnolds/Heege/Tussing (1990), S. 55-69

ren.[163] Eine sehr wichtige Lagermeßzahl ist die **Materialumschlagshäufigkeit**. Sie gibt an, wie oft der durchschnittliche Lagerbestand (als Mengen oder Wertgröße) eines Materials oder einer Materialgruppe in einem bestimmten Zeitraum (i.d.R. ein Jahr) umgeschlagen wurde:[164]

$$\text{Umschlagshäufigkeit} = \frac{\text{Jahreswareneinsatz (zu Einstandspreisen)}}{\text{Durchschnittlicher Lagerbestand}}$$

Eine hohe Umschlagshäufigkeit reduziert den Kapitaleinsatz und das Lagerrisiko, vermindert die Kosten der Lagerhaltung (Zinsen, Schwund, Verwaltungskosten etc.) und steigert auf der anderen Seite den Gewinn und die Rentabilität. Das dadurch nicht gebundene Kapital kann in die Ausweitung des Geschäfts investiert werden.[165]

4.2 Die Materialdisposition im R/3-System

4.2.1 Verbrauchsgesteuerte Dispositionsverfahren

Das Konzept des SAP-Systems beinhaltet als primäre Aufgaben der Materialdisposition die Überwachung der Warenbestände zur Sicherstellung der Leistungserstellung des Betriebs und die automatische Generierung von Bestellvorschlägen zur Entlastung der Fachabteilung von Routinetätigkeiten.[166]

Die Version 2.2 I beinhaltet zwei verbrauchsgesteuerte Dispositionsverfahren, die Bestellpunktdisposition mit zwei Varianten und die sog. stochastische Disposition.[167] Die Dispositionsverfahren werden durch ein Dispositionsmerkmal spezifiziert:

⇒ **VB - Manuelle Bestellpunktdisposition**

(Manuelle Bestimmung des Melde- und des Sicherheitsbestands)

⇒ **VM - Maschinelle Bestellpunktdisposition**

(Maschinelle Bestimmung des Melde- und des Sicherheitsbestands)

⇒ **VV - Stochastische Disposition**

(entspricht einem integrierten Verfahren)

---

[163] Vgl. Zeigermann (1970), S. 134
[164] Vgl. Groh/Schröer (1996), S. 319
[165] Vgl. Groh/Schröer (1996), S. 320 f.
[166] Vgl. SAP (1996a), S. 4-1
[167] Ab der SAP R/3 Version 3 ist auch die Bestellrhythmusdisposition enthalten, vgl. SAP (1997a), Dispositions- und Losgrößenverfahren → Rhythmische Disposition

Abhängig vom gewählten Dispositionsverfahren umfaßt die Tätigkeit des Disponenten die Ausführung des integrierten Prognoseprogramms und des sog. Materialplanungslaufs. Beide Schritte werden auf der Organisationsebene Werk durchgeführt. Im **Prognoseprogramm** werden Materialien analysiert, Prognosemodellen zugeordnet sowie Prognosedaten (Sicherheitsbestand, Meldebestand, zukünftiger Bedarf etc.) ermittelt. Im **Planungslauf** werden Dispositionslisten und Bestellanforderungen erzeugt. Eine **Dispositionsliste** stellt das Ergebnis der Materialbedarfsplanung dar, eine **Bestellanforderung** (BANF)[168] ist ein interner Beleg des R/3-Systems, der einen terminierten Bedarf definiert und in eine Bestellung umgewandelt werden kann. Grundlage für den Materialplanungslauf bildet die sog. **Planungsvormerkdatei.** In dieser Datei sind alle Materialien aufgeführt, deren Disposition durch das System erfolgen soll.

Bestellpunktdisposition

Bei der Bestellpunktdisposition findet bei jeder Warenbewegung (z.B. Waren-ausgangsbuchung, Schrottbuchung, Warenrückgabe) ein Vergleich zwischen dem Lagerbestand (Werksbestand + Sicherheitsbestand) und dem Meldebe-stand statt. Unterschreitet der Lagerbestand den Meldebestand oder wird er z.B. aufgrund einer Kundenretoure wieder überschritten, wird das Material in der Vormerkdatei mit einem Änderungskennzeichen versehen. Abhängig vom vorgegebenen Umfang des Planungslaufs und der Art des Änderungskennzei-chens wird das Material daraufhin bei der Bedarfsplanung berücksichtigt.[169]

Bei der **manuellen Bestellpunktdisposition** (VB) legt die Fachabteilung den Melde- und Sicherheitsbestand für jedes Material im MS fest,[170] eine Prognose durch das System findet nicht statt. Die Methode ist sehr einfach und kann mit geringem Aufwand im System realisiert werden. Nachteilig ist der notwendige manuelle Änderungsdienst zur Anpassung der Steuerungsparameter an die aktuelle Verbrauchs- und Liefersituation. Eine derart aktuelle Pflege der Materialstammsätze ist zeitaufwendig und erfordert eine hohe Sachkenntnis.

---

[168] Vgl. zu Bestellanforderungen SAP (1996a), S. 5-3 f.
[169] Vgl. SAP (1994a), Übersicht über die Dispositionsverfahren → Dispositions- und Losgrößenverfahren → Bestellpunktdisposition
[170] Die Eingabe eines Sicherheitsbestands ist nicht zwingend.

Bei der **maschinellen Bestellpunktdisposition** (VM) werden Melde- und Sicherheitsbestand mit dem integrierten Prognoseprogramm ermittelt und im MS fortgeschrieben. Der regelmäßige Aufruf des Prognoseprogramms mit aktualisierten Verbrauchszahlen ist zwar nicht erforderlich, führt jedoch zur Anpassung der Steuerungsdaten. Ein Beispiel für die Berechnung des Sicherheits- und Meldebestands ist auf S. 91 f. angeführt.

Stochastische Disposition

Die von SAP etwas irreführend benannte stochastische Disposition (VV) ist ein integriertes Verfahren, bei dem Prognoseprogramm und Planungslauf zu einer Einheit gekoppelt werden. Innerhalb des Prognoseprogramms werden der Sicherheitsbestand und die Bedarfswerte zukünftiger Perioden ermittelt und im MS fortgeschrieben. Ein Meldebestand wird nicht definiert. Innerhalb des Planungslaufs führt das System aufbauend auf den Prognoseergebnissen eine Nettobedarfsrechnung aus, bei der für jede Periode überprüft wird, ob der Prognosebedarf durch den verfügbaren Bestand gedeckt ist. Bei einer Unterdeckung wird ein Bestellvorschlag generiert.[171] Bezüglich der Einflußnahme auf Bestellmenge und Terminierung der Bestellvorschläge bestehen mit diesem Verfahren die größten Freiräume.

4.2.2 Prognoseprogramm

R/3 speichert Verbrauchsdaten einer Periode in kumulierter Form im MS ab (u.a. bei jeder Warenausgangsbuchung). Diese Daten sind die Grundlage der Berechnungsverfahren, die für die einzelnen Prognosemodelle individuell festgelegt werden können. Das Intervall der Kumulierung (Prognoseintervall) wird im Feld *Periodenkennzeichen* im MS festgelegt.

Das Standardberechnungsverfahren für alle Modelle ist die exponentielle Glättung 1. Ordnung (nach Winters). Abweichend davon kann bei konstantem Verbrauchsverlauf die Mittelwertmethode (gleitend oder gewogen) und bei einem Trendverlauf die exponentielle Glättung 2. Ordnung angewandt werden.[172] Die folgenden Ausführungen betreffen die Berechnung nach der exponentiellen Glättung 1. Ordnung.

---

[171] Vgl. SAP (1994a), Übersicht über die Dispositionsverfahren → Dispositions- und Losgrößenverfahren → Stochastische Disposition
[172] Vgl. SAP (1994a), Prognoseparameter → Modellauswahl

Die Zuordnung eines Materials zu einem Prognosemodell (Modellauswahl) kann manuell oder durch das System erfolgen. Zur maschinellen Analyse der Zeitreihe werden zwei Verfahren angeboten. Das einfache Verfahren führt statistische Tests durch. Das komplexere, rechenintensivere Verfahren testet die Modelle unter Anwendung unterschiedlicher Kombinationen der Glättungsfaktoren Alpha, Beta und Gamma und wählt das Modell mit dem niedrigsten MAD aus.[173]

Beim ersten Aufruf des Prognoseprogramms und nach einem Strukturbruch ist eine Modellinitialisierung durchzuführen. Bei maschineller Initialisierung ermittelt das System dabei die Startwerte für die Rechenverfahren. Der Grundwert wird nach dem Mittelwertverfahren, der Trendwert mit Hilfe der Regressionsanalyse und die Saisonindizes als Quotient aus dem tatsächlichen Vergangenheitswert und dem (evtl. um einen Trendwert korrigierten) Grundwert errechnet.[174]

Stehen Vergangenheitswerte in ausreichendem Umfang zur Verfügung, führt das System zusätzlich eine Ex-post-Prognose durch. Ältere Daten einer Zeitreihe werden für die Initialisierung verwendet, mit den neueren Daten werden Prognoserechnungen ex-post durchgeführt.[175] Die Fachabteilung kann dadurch die Prognosedaten mit den (alten) Verbrauchsdaten vergleichen und die Qualität der Prognoseergebnisse beurteilen.

Zusätzlich besteht die Möglichkeit, dem System die Parameteroptimierung der verschiedenen Glättungsfaktoren zu überlassen. Das Prognosemodell wird unter Anwendung unterschiedlicher Parameterkombinationen getestet, anschließend wird die Kombination mit dem niedrigsten MAD ausgewählt. Die Glättungsfaktoren werden im MS fortgeschrieben.[176]

Die Überwachung des zugeordneten Prognosemodells erfolgt mit dem sog. Tracking-Signal:[177]

---

[173] Vgl. SAP (1994a), Prognoseparameter → Modellauswahl
[174] Vgl. SAP (1994a), Prognoseparameter → Modellinitialisierung
[175] Vgl. SAP (1994a), Prognoseparameter → Ex-post-Prognose
[176] Vgl. SAP (1994a), Prognoseparameter → Parameteroptimierung
[177] Vgl. SAP (1994a), Prognoseformeln → Beurteilungsmaße für die Prognose; das Prinzip ist bereits bei Zeigermann unter dem Begriff 'Abweichsignal' beschrieben, vgl. Zeigermann (1970), S. 83 - S. 85

$$Tracking - Signal = \left| \frac{Fehlersumme}{MAD} \right|$$

Die Fehlersumme entspricht der Summe aller positiven und negativen Prognosefehler. Das Tracking-Signal gibt Aufschluß über die Streuung der Prognosefehler; diese sind um so weniger normalverteilt, je höher das Tracking-Signal ausfällt. Das Maß einer akzeptablen Überschreitung legt der Disponent im MS im Feld **Signalgrenze** fest. Überschreitet die Signalgrenze das Tracking-Signal, erhält der Disponent eine Fehlermeldung, in der er zur Überprüfung des Prognosemodells aufgefordert wird. Der im SAP-Konzept vorgeschlagene Standardwert der Signalgrenze beträgt 4. Ein niedrigerer Wert läßt das System empfindlicher reagieren.

Hierzu ein vereinfachtes Beispiel: Die Signalgrenze sei 3, der MAD wird über die Mittelwertbildung berechnet. Bei Material B erstellt das System eine Fehlermeldung, da der Bedarf regelmäßig unterschätzt wurde. Ist dem Material z.B. das Konstantmodell zugeordnet, lautet die Empfehlung, die Parameteroptmierung zu aktivieren und/oder das Trendmodell auszuwählen.

Material A:

Periode	Prognosefehler
1	+ 7
2	- 5
3	+ 13
4	- 11

→
Fehlersumme: 7-5+13-11   =   4
MAD: (7+5+13+11)/4   =   9
Tracking-Signal: |4/9| = 0,44
Ergebnis: Keine Fehlermeldung, da 0,44 < 3

Material B:

Periode	Prognosefehler
1	+ 7
2	+ 5
3	+ 13
4	+ 11

→
Fehlersumme: 7+5+13+11   = 36
MAD: (7+5+13+11)/4   =   9
Tracking-Signal: |36/9| =   4
Ergebnis: Fehlermeldung, da 4 > 3

4.2.3 Planungslauf

Aufgabe des Planungslaufs ist die Erzeugung von Dispositionslisten und Bestellvorschlägen für den Disponenten. Die für Wiedenhagen relevanten Verarbeitungsschritte werden nachfolgend erläutert:

Prüfung der Planungsvormerkdatei

Zweck der Planungsvormerkdatei ist die Reduzierung des Dispositionsumfanges auf planungsrelevante Materialien. In der Datei sind alle Materialien aufgelistet, deren Dispositionsmerkmal von der Einstellung „ND – Keine Disposition" abweicht. Hat ein Material seit dem letzten Planungslauf eine dispositive Änderung erfahren, wird das Material mit einem sog. Gesamtänderungskennzeichen versehen. Betrifft die Änderung auch den im IMG festzulegenden kurzfristigen Planungshorizont - dieser stellt einen Ausschnitt des gesamten Planungshorizonts dar - erhält das Material zusätzlich ein Aktualitätskennzeichen.[178] Eine **dispositive Änderung** ist z.B. das Anlegen einer Bestellung, die Unterschreitung des Meldebestands bei der Bestellpunktdisposition oder die Buchung eines Warenausgangs in beliebiger Höhe bei der stochastischen Disposition. Die Abb. 15 zeigt als Beispiel die Planungsvormerkdatei des Werks Stockstadt zum Zeitpunkt der Testphase *(Logistik → Materialwirtschaft → Mat.Disposition → Bedarfsplanung; Pl._Vormerkung → Anzeigen).*

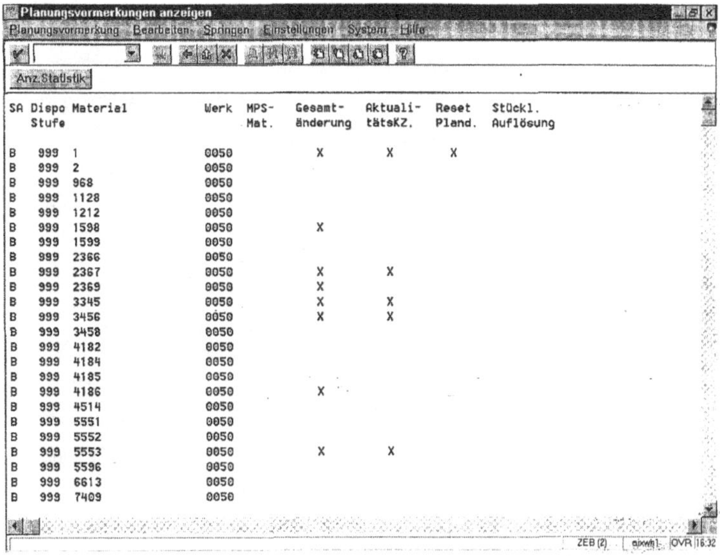

SA	Dispo Stufe	Material	Werk	MPS-Mat.	Gesamt-änderung	Aktuali-tätsKZ.	Reset Pland.	Stückl. Auflösung
B	999	1	0050		X	X	X	
B	999	2	0050					
B	999	968	0050					
B	999	1128	0050					
B	999	1212	0050					
B	999	1598	0050		X			
B	999	1599	0050					
B	999	2366	0050					
B	999	2367	0050		X	X		
B	999	2369	0050		X			
B	999	3345	0050		X	X		
B	999	3456	0050		X	X		
B	999	3458	0050					
B	999	4182	0050					
B	999	4184	0050					
B	999	4185	0050					
B	999	4186	0050		X			
B	999	4514	0050					
B	999	5551	0050					
B	999	5552	0050					
B	999	5553	0050		X	X		
B	999	5596	0050					
B	999	6613	0050					
B	999	7409	0050					

Abb. 15: Die Planungsvormerkdatei

[178] Vgl. SAP (1994a), Dispositionsdurchführung → Was läuft systemseitig bei einem Planungslauf ab? → Prüfung der Planungsvormerkdatei.

Beim Aufruf des Planungslaufs kann der Disponent über das Feld *Verarbei-tungschlüssel* anhand der Änderungskennzeichen den Umfang der Planung bestimmen (vgl. Abb. 26, S. 92). Im Fall einer Neuplanung (NEUPL) werden alle Materialien der Planungsvormerkdatei unabhängig von einem Kennzeichen einbezogen. Eine Veränderungsplanung (NETCH bzw. Net-change-Verfahren) betrifft nur Materialien mit einem Gesamtänderungskennzeichen. Sehr rationell ist die Veränderungsplanung im kurzfristigen Planungshorizont (NETPL), es werden nur Materialien mit einem Aktualitätskennzeichen berücksichtigt.[179]

Nettobedarfsrechnung

Bei der **Bestellpunktdisposition** wurde im Normalfall für die betroffenen Materialien mit einem Änderungskennzeichen bereits festgestellt, daß der Lagerbestand den Meldebestand unterschritten hat. Für die aktuelle Planungs-periode wird das Material nun einer zusätzlichen, erweiterten Prüfung unterzo-gen. Dabei wird zu dem Lagerbestand ein ggf. vorhandener Bestellbestand addiert, dies sind offene Bestellungen und sog. fixierte Bestellanforderungen. Letztere sind Bestellvorschläge, die i.d.R. ohne Änderungen in eine Bestellung umgewandelt werden. Unterschreitet der ermittelte verfügbare Bestand den Meldebestand erneut, liegt eine Unterdeckung vor. Das System speichert als Unterdeckungsmenge die Differenz zwischen dem verfügbaren Bestand und dem Meldebestand ab.[180]

Bei der **stochastischen Disposition** wird eine dynamische Nettobedarfsrech-nung durchgeführt. Für die Perioden im Planungshorizont wird einzeln über-prüft, ob der verfügbare Bestand ausreicht, um den prognostizierten Bruttobe-darf zu decken. Die Art und Weise der Rechnung ist abhängig vom vorgege-benen Umfang des Planungslaufs sowie den Einstellungen im MS und im IMG. Anzahl und Länge der Prognoseperioden sowie der Zeitpunkt des Bedarfster-mins (z.B. Bedarfstermin = Anfang der Periode) sind variabel. Der verfügbare Bestand zum Bedarfstermin ergibt sich aus folgender Rechnung:[181]

---

[179] Vgl. SAP (1994a), Dispositionsdurchführung → Was läuft systemseitig bei einem Planungslauf ab? → Prüfung der Planungsvormerkdatei.
[180] Vgl. SAP (1994a), Dispositionsdurchführung → Was läuft systemseitig bei einem Planungslauf ab? → Nettobedarfsrechnung.
[181] Vgl. ebenda

> Lagerbestand
> ./. Sicherheitsbestand
> +   Bestellbestand (Bestellungen, fixierte Bestellanforderungen)
> ./. Prognosebedarfe (im MS abgespeichert)
> =   **verfügbarer Bestand**

Ein negativer verfügbarer Bestand bedeutet Unterdeckung. Der Nettobedarf (Unterdeckungsmenge) wird im System gespeichert.

Losgrößenberechnung

Die Losgrößenberechnung ermittelt, wie die festgestellten Unterdeckungsmengen durch Zugänge zu decken sind. Die Höhe der Zugänge bemißt sich in erster Linie nach dem für jedes Material individuell festzulegenden Losgrößenverfahren. Die Zuordnung erfolgt durch Vergabe eines Losgrößenkennzeichens im MS (Feld *Dispolosgröße*). SAP kategorisiert die angebotenen Verfahren in statische, periodische und optimierende Losgrößenverfahren.[182]

Zu den **statischen Losgrößenverfahren** zählen:

⇒ **FX - Feste Losgröße**

Die Losgröße entspricht dem im MS festgelegten Wert im Feld *Feste Losgröße*.

⇒ **HB - Auffüllen bis zum Höchstbestand**

Die Losgröße entspricht der Differenz zwischen dem verfügbaren Bestand zum Planungstermin und dem im MS festgelegten Wert im Feld *Höchstbestand*. Das Verfahren ist lediglich bei der Bestellpunktdisposition zulässig.

⇒ **EX - Exakte Losgröße**

Die Losgröße entspricht der in der Nettobedarfsrechnung ermittelten Unterdeckungsmenge. Bei der Bestellpunktdisposition führt diese Vorgehensweise zu keinen sinnvollen Resultaten, da der Lagerbestand lediglich bis auf den Meldebestand aufgefüllt wird. Ein Warenausgang in beliebiger Höhe würde das System zur erneuten Erstellung eines Bestellvorschlags veranlassen.

---

[182] Vgl. SAP (1994a), Dispositionsdurchführung → Was läuft systemseitig bei einem Planungslauf ab? → Losgrößenberechnung

Bei den **periodischen Losgrößenverfahren** werden Unterdeckungsmengen einer oder mehrerer Perioden zusammengefaßt. Wie viele Perioden jeweils zusammenzufassen sind, wird im IMG definiert. Bei der maschinellen Bestellpunktdisposition kann z.b. die Losgröße dem prognostizierten Monatsbedarf entsprechen.

Bei den **optimierenden Losgrößenverfahren** werden Unterdeckungsmengen mehrerer Perioden zusammengefaßt, die Bestellmenge ist jedoch abhängig vom Kostenminimum zwischen losgrößenfixen Kosten und Lagerhaltungskosten. Die zur Verfügung gestellten Verfahren (z.B. Losgrößenverfahren nach Groff) erfordern u.a., daß im IMG ein Lagerhaltungskostensatz hinterlegt wird.[183]

Terminierung der Bestellvorschläge

Bei der Bestellpunktdisposition liegt mit Unterschreiten des Meldebestands ein Bedarf vor. Die zeitliche Planung der Bestellvorschläge erfolgt nach der **Vorwärtsterminierung.** Der Dispositionstermin, der angibt, zu welchem Zeitpunkt die Ware im Lager und im DV-System zur Verfügung steht, berechnet sich wie folgt:[184]

Planungstermin (Unterdeckungstermin)
+ Bearbeitungszeit für den Disponenten (Umsetzen der BANF in eine Bestellung)
+ Planlieferzeit (z.B. Lieferzeit des Lieferanten inkl. Vorlaufzeit)
+ Wareneingangsbearbeitungszeit (Wareneinlagerung und –erfassung)
= Dispositionstermin

Bei der stochastischen Disposition ist der Dispositionstermin (Bedarfstermin) bekannt. Der Freigabetermin, der angibt, zu welchem Zeitpunkt der Disponent die Bestellung auszulösen hat, wird durch eine **Rückwärtsterminierung** berechnet:[185]

Dispositionstermin (Bedarfstermin)
./. Wareneingangsbearbeitungszeit (Wareneinlagerung und –erfassung)
./. Planlieferzeit (z.B. Lieferzeit des Lieferanten inkl. Vorlaufzeit)
./. Bearbeitungszeit für den Disponenten (Umsetzen der BANF in eine Bestellung)
= Freigabetermin

---

[183] Vgl. SAP (1995), Stammdaten → Materialstamm → Disposition → Losgrößenverfahren festlegen
[184] Vgl. SAP (1994a), Dispositionsdurchführung → Was läuft systemseitig bei einem Planungslauf ab? → Terminierung.
[185] vgl. ebenda

Ermittlung der Bezugsquelle

Bei Fremdbeschaffung eines Materials kann über das sog. Orderbuch die Bezugsquellenermittlung automatisch erfolgen.[186] Das Orderbuch gehört zu den Stammdatenobjekten, die im Rahmen des Einkaufs zu pflegen sind. Um die Bezugsquellenermittlung zu automatisieren, ist verbindlich festzulegen, daß ein Material innerhalb eines bestimmten Zeitraums nur von einem bestimmten Lieferanten zu beziehen ist. Die Abb. 16 zeigt beispielhaft einen Eintrag im Orderbuch *(Logistik → Materialwirtschaft → Einkauf; Stammdaten → Orderbuch → Pflegen [ME01])*.

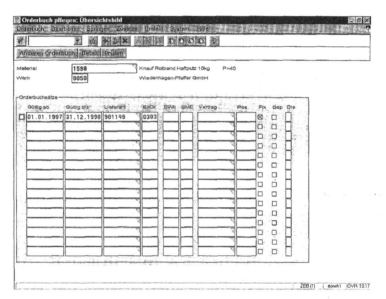

Abb. 16: Das Orderbuch

Die Markierung des Feldes *Fix* definiert den Lieferanten als feste Bezugsquelle. Voraussetzung für einen Orderbucheintrag ist das Vorliegen eines Einkaufsinfosatzes. Wird in der Spalte *Dis* zusätzlich eine "1" eingetragen, werden die vom System erzeugten Bestellanforderungen automatisch den jeweiligen Einkaufsinfosätzen zugeordnet.

---

[186] Vgl. SAP (1994a), Dispositionsdurchführung → Was läuft systemseitig bei einem Planungslauf ab? → Ermittlung des Bestellvorschlags → Bezugsquellenermittlung

Dazu folgendes Beispiel: Im Rahmen der Losgrößenrechnung wurde die feste Bestellmenge (80 Stück) ermittelt, die zeitliche Einplanung erfolgte in der Terminierung (evtl. über Daten des Einkaufsinfosatzes). Aus dem Orderbucheintrag weiß das System, daß die Bestellung bei einem bestimmten Lieferanten zu erfolgen hat. Der Einkaufsinfosatz zu diesem Lieferanten enthält zusätzliche Daten, wie z.B. die Bestellmengeneinheit (40 Stück pro Palette) und die Preise pro Bestellmengeneinheit. Die vom System generierte BANF enthält u.a. die Kreditorennummer, die Materialnummer, die Bestellmenge (2 Paletten), den Bestellwert sowie das Bestell– und Lieferdatum.

Erstellung von Ausnahmemeldungen

Innerhalb des Planungslaufs erstellt das System bei Vorliegen bestimmter Situationen "Ausnahmemeldungen" (AM), die die Fachabteilung auf Tatbestände bezüglich eines bestimmten Dispositionselements (Bestellung, BANF etc.) hinweisen. Die Meldungen werden nach Art und Wichtigkeit in acht Kategorien (Ausnahmegruppen) eingeteilt.[187] Bestimmte Ausnahmezustände erfordern das manuelle Eingreifen des Disponenten.

4.3 Einführung der DV-gestützten Materialdisposition

4.3.1 Projektdefinition

Die Aufgabenstellung „Einführung einer DV-gestützten Materialdisposition" wurde als Projekt definiert. Wesentliche Merkmale eines Projekts sind:[188]

- Der Vorgang der Einführung ist weitgehend einmalig.
- Die Struktur des Vorhabens weist erhebliche Komplexität auf.
- Die Zielerreichung beinhaltet Grenzwerte bezüglich der vorgegebenen Zeit und der bewilligten Mittel.

Dem Autor wurde die Projektleitung, d.h. Planung, Überwachung und Steuerung übertragen. In der Praxis der Einführung und Umsetzung wurden sehr schnell einige Probleme des Mittelstands deutlich, insbesondere die sehr knapp bemessene Personaldecke, der Vorrang des Tagesgeschäfts und die

---

[187] Vgl. SAP (1994a), Dispositionsdurchführung → Was läuft systemseitig bei einem Planungslauf ab? → Erstellung von Ausnahmemeldungen.
[188] Vgl. Bühner (1994), S. 203

anfänglich sehr geringe DV-Kompetenz der Mitarbeiter im Bereich Materialwirtschaft. Das Projektteam bestand aus dem Projektleiter, der Unterstützung durch den Disponenten der Niederlassung Stockstadt und einem - aus Kostengründen sehr limitierten - Beratungsbeitrag eines externen Beratungshauses.[189] Auch die Umsetzung des Projekts war vom Projektleiter durchzuführen. Die Zielvorgaben wurden von der Geschäftsleitung zunächst wie folgt definiert:

Sachziel: Einführung der manuellen Bestellpunktdisposition als Pilotprojekt in der Niederlassung Stockstadt (Werk 50)

Kostenziel: Begrenzung auf TDEM 50

Terminziel: Produktivsetzung zum 1.1.1998

Mit dem Disponenten wurden folgende Anforderungen vereinbart:

- Übersichtliche Darstellung der Planungsergebnisse.
- Herstellerspezifische Auswertungsmöglichkeit.
- Minimierung des Aufwands bei der Stammdatenpflege.
- Entwurf detaillierter und anschaulicher Schulungsunterlagen sowie persönliche Schulung des Disponenten.

4.3.2 Auswahl der Dispositionsverfahren

Die Analyse der Verbrauchsverläufe und der Bestellvorgänge im Unternehmen hat erwartungsgemäß ergeben, daß zu einer effizienten Materialdisposition mehrere Dispositionsverfahren einbezogen werden müssen. Die manuelle Bestellpunktdisposition deckt nur einen Teil des Sortiments ab. Folgende Optimierungsansätze wurden festgehalten:

1. Artikel, die ohne Bezug zu einem konkreten Bedarf beschafft werden, sind weiterhin manuell zu disponieren.

2. Für Kundenkomissionen kann eine eigene Auftragsart, die mit der Erfassung des Auftrags die automatische Generierung eines Bestellvorschlags

---

[189] Die Hilfestellung des Beraters im Rahmen dieses Projekts bezog sich auf das Customizing, die technische Produktivsetzung sowie auf die Problembereiche Einblenden von Aufträgen/Lieferungen bei der stochastischen Disposition und Änderung des Periodenkennzeichens (vgl. Kapitel "Probleme & Lösungsansätze").

auslöst, definiert werden. In Anbetracht der geringen Anzahl der betroffenen Artikel und Transaktionen ist dies wirtschaftlich jedoch nicht vorteilhaft.

3. Der Bedarf an Artikeln, die von Werbeaktionen der Baumärkte betroffen
   sind, kann aufgrund der starken, unregelmäßigen Schwankungen des Verbrauchs nicht sinnvoll mit den beschriebenen Dispositionsverfahren bestimmt werden. R/3 beinhaltet u.a. die sog. „Plangesteuerte Disposition
   ohne Stücklistenauflösung" (PD), die für diesen Zweck genutzt werden
   kann (siehe auch Kapitel "Probleme und Lösungsansätze").

4. Sofern der Verbrauchsverlauf eine mathematische Vorhersage zuläßt, sind
   die maschinelle Bestellpunktdisposition und stochastische Disposition zu
   bevorzugen. Die stochastische Disposition ist zwar in der Anfangszeit un-
   gewohnter zu handhaben, dafür aber langfristig der maschinellen Bestellpunktdisposition überlegen. Bei der stochastischen Disposition ist für Wiedenhagen vor allem das Losgrößenverfahren "Exakte Losgröße (EX)" in
   Verbindung mit der Angabe von Mindestbestellmengen und Rundungs-
   werten geeignet.

5. Für die verbleibenden Artikel empfiehlt sich die manuelle Bestellpunktdisposition mit den beiden möglichen Losgrößenverfahren „Feste Bestellmenge (FX)" und „Auffüllen bis zum Höchstbestand (HB)". Aus wirtschaftlichen
   Gründen ist bei A-Artikeln abzuwägen, daß eine manuelle Disposition ggf.
   genauere Ergebnisse liefert. Das System sollte daher entweder nur den
   Bereich B- und C-Materialien abdecken oder der Disponent sollte die
   Steuerungsdaten bei den A-Artikeln besonders häufig anpassen.

Abschließend wurde mit der Geschäftsleitung vereinbart, daß mittelfristig auch
die stochastische Disposition und/oder maschinelle Bestellpunktdisposition zur
Anwendung kommen soll. Das System ist so einzustellen, daß sich der
Disponent ab 1.1.1998 mit den Verfahren vertraut machen kann. Alle Verfahren
werden deshalb im folgenden gleichrangig betrachtet. Aus Vereinfachungs-
gründen schlägt der Autor vor, als einheitliches Berechnungsverfahren die
exponentielle Glättung 1. Ordnung zu verwenden und optimierende Losgrößenverfahren vorerst nicht zu betrachten.

4.3.3   Projektdurchführung

Die Projektdurchführung kann in die drei Abschnitte Materialanalyse, Customi-
zing/Testphase und Produktivsetzungsphase unterteilt werden. Die Materialanalyse ist im Gegensatz zu den anderen Abschnitten auch nach Abschluß
des Projekts regelmäßig und systematisch durchzuführen. Sie wird deshalb im
folgenden genauer behandelt.

Materialanalyse

Die Materialanalyse wird von den Mitarbeitern im Bereich Materialwirtschaft
durchgeführt. Bestandteil dieser Untersuchung sind v.a. die ABC- und XYZ-
Analyse. DV-technisches Werkzeug ist das Bestandsinformationssystem (im
Produktivbetrieb). Da das Konzept der Materialdisposition auf einer auf den
Hersteller bezogenen Auswertungsmöglichkeit bestehen soll, ist es zweckmä-
ßig, auch bei der Analyse eine derartige Gruppierung vorzunehmen.

Im Bestandsinformationssystem werden die Artikel eines Lieferanten (Merkmal:
Werk 0050) bezüglich der Kennzahlen Abgangsmenge, Anzahl der Abgänge
und Abgangswert (Einstandspreise, Bewertung zum gleitenden Durchschnitts-
preis) analysiert (*Infosysteme* → *Logistik* → *Bestandsführung; Material* →
Zugang/Abgang → *Neue Selektion*). Um zum einen Saisonschwankungen zu
berücksichtigen und zum anderen aktuelle Ergebnisse zu erhalten, wurde als
Analysezeitraum ein Jahr gewählt. Die Abb. 17 zeigt die Grundliste einer
Selektion, die Sortierung erfolgte hierbei hinsichtlich des Abgangswerts.

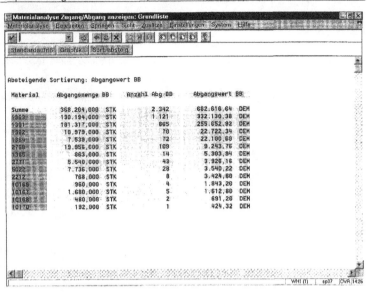

Abb. 17: Grundliste einer Materialanalyse

Die ABC-Klassifikation soll dem Disponenten anzeigen, welche Materialien hohe Lagerhaltungskosten verursachen. Bezugsobjekte dieser Analyse sollten deshalb alle Materialien eines Werks sein. Bei Wiedenhagen wirft ein derartiger Selektionsumfang jedoch folgende Probleme auf:

- Im System sind derzeit 5000 Artikel hinterlegt, das aktive Sortiment umfaßt aber lediglich ca. 1500 Artikel.
- Eine Stichprobenuntersuchung ergab, daß im Bestandsinformationssystem Abgangsmengen zwar i.d.R. mit den tatsächlichen Abgängen der Warenausgangsbelege übereinstimmen, bezüglich der Bewertung teilweise aber Differenzen zu den Buchhaltungsdaten bestehen.[190]
- Die Liste wird sehr unübersichtlich.

Eine Analyse bezogen auf alle Materialien des Werks Stockstadt ergab das in Tab. 2 dargestellte Ergebnis:

---

[190] Der bei der Fortschreibung der Abgangswerte beobachtete Systemfehler wurde im Rahmen des Projekts korrigiert. Ab 1.1.1998 stimmen die Daten des LIS mit den Buchhaltungsdaten überein.

Wert-gruppe	%-Anteil am Gesamtwert	Anzahl der Artikel	Abgangswert in DEM		
A	71,5	79	98.357	bis	1.453.216
B	20,9	234	24.132	bis	98.357
C	7,6	ca. 1200	> 0	bis	24.132

Tab. 2: Ergebnis der ABC-Analyse für das Werk Stockstadt

Bei einer ABC-Analyse, die bezogen auf Materialien eines Lieferanten durchgeführt wird, sind diese Erkenntnisse zu berücksichtigen (*Bearbeiten → ABC-Analyse*, vgl. Abb. 18, mit Daten aus Abb. 17).

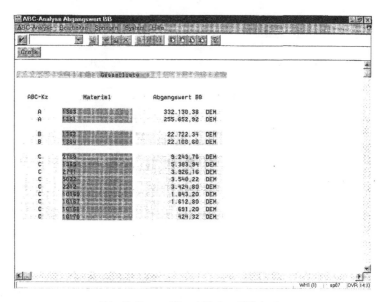

Abb. 18: Segmentübersicht einer ABC-Analyse

Die Fachabteilung führt nun folgende Schritte durch:

1. Kontrolle des Abgangswerts in Bezug auf Plausibilität.
2. Klassifikation der Materialien im Gesamtzusammenhang. Als Vereinfachungsmaßnahme wird im Projekt vorgeschlagen, ab DEM 25.000 das Kennzeichen "B" und ab DEM 100.000 das Kennzeichen "A" zu vergeben. Entgegen dem Vorschlag des Systems sind demnach im vorliegenden Beispiel die B-Materialien 1362 und 1364 als C-Materialien einzustufen.
3. Hinterlegung der Klassifikation im Feld *ABC-Kennzeichen* im MS.

Im zweiten Teil der Analyse werden die Verbrauchsverläufe der Materialien untersucht. Durch einen Doppelklick auf die Materialnummer werden die Verbrauchszahlen des letzten Jahres monatlich kumuliert angezeigt und können graphisch aufbereitet werden (vgl. dazu auch Abb. 9, S. 38 und Abb. 10, S. 39). Folgende Sachverhalte sind zu untersuchen:

- Für welchen Zeitraum liegen Vergangenheitsdaten vor (evtl. ist eine Selektion mit einem größeren Verbrauchszeitraum nötig, z.B. 2 1/2 Jahre)?
- Wie oft finden Warenbewegungen statt? Liegt sporadischer Bedarf vor?
- Kommt eine mathematische Prognose in Frage? Welches Prognosemodell wäre geeignet?
- Was sind geeignete Melde- und Sicherheitsbestände?

Eine Stichprobenuntersuchung bezüglich der Verbrauchsverläufe des Sortiments führte zu dem in Tab. 3 dargestellten Ergebnis.

Klassi-fikation	%-Anteil (ca.)	Materialart und ggf. Ursache
X	30	Baustoffe für den Innenbereich, Badezimmerblök-ke, Küchensysteme etc.
Y	40	1. Trendverlauf bei Listung oder Auslistung bei einer Baumarkt-Kette. 2. Saisonspitze im Frühjahr/Sommer (z.B. Garten-häuser) oder im Winter (z.B. Brikett, Kamine) 3. Saisonspitzen im Frühjahr und im Herbst, Ausmaß der Spitzen aber unterschiedlich (v.a. Baustoffe für den Außenbereich)
Z	30	Werbeartikel der Baumärkte, Ersatzteile, alte Arti-kel, ganz neue Artikel

Tab. 3: Ergebnis einer XYZ-Analyse bei Wiedenhagen

Das Ergebnis der Materialanalyse wird schriftlich festgehalten. Zusätzlich wird der selektierte Datenumfang im Bestandsinformationssystem abgespeichert. Dies ermöglicht es dem Disponenten, jederzeit Kontrollen durchführen zu können, ohne dabei unnötig Systemressourcen zu beanspruchen. Die Pflege der Materialstammsätze im Produktivsystem kann z.T. bereits vor dem Abschnitt Produktivsetzungsphase beginnen.

Customizing/Testphase

Customizing und Testphase bildeten im Projekt eine Einheit. Die Ausführungen im Einführungsleitfaden und in der SAP-Onlinedokumentation besitzen überwiegend technischen Charakter und sind oftmals unzureichend bzw. ungenau. Eine betriebswirtschaftlich sinnvolle Vorgehensweise, zweckmäßige Parametereinstellungen und deren Auswirkungen (z.B. welche Felder haben Einfluß auf die Wiederbeschaffungszeit?) lassen sich oftmals nur erahnen bzw. müssen durch Ausprobieren herausgefunden werden. Der Testumfang beinhaltete Kontrollen bezüglich:

- Einstellungen innerhalb der Materialdisposition.
- Funktionsfähigkeit des Systems im Modul MM, z.B. Rechnungsprüfung.
- Funktionsfähigkeit des Systems in anderen Modulen, z.B. Anlegen eines Kundenauftrags (SD).

Da Prognoserechnungen auf kumulierten, aktuellen Materialabgängen im MS basieren, wurde sehr schnell deutlich, daß das Testsystem auf den Datenstand des Produktivsystems gebracht werden mußte.

Als ein hilfreiches Instrument beim Customizing erwies sich die Dokumentationsfunktion im Einführungsleitfaden. Über diese Funktion konnten mit dem externen Berater Fragen, Probleme und Vorgehensweisen festgehalten werden.

Produktivsetzungsphase

Nach Abschluß der Testphase wurde der Transport der Customizing-Einstellungen aus dem Test- in das Produktivsystem durch den externen Berater durchgeführt. Anschließend begann der Autor mit der Schulung des Disponenten im Werk Stockstadt. Schulungsmaßnahmen wurden hauptsächlich im Produktivsystem und parallel zum Tagesgeschäft durchgeführt ("Training on the job"). In die DV-gestützte Materialdisposition wurden ausgewählte Lieferanten aufgenommen, wobei bisher aus Zeitgründen nur die manuelle Bestellpunktdisposition produktiv angewandt wird.

4.4 Customizing

Gegenstand dieses Kapitels ist die Anpassung des Systems an die Gegebenheiten des Unternehmens und an den im Projekt festgelegten Leistungsumfang. Die Reihenfolge der Customizing-Transaktionen folgt dem Aufbau des Einführungsleitfadens (IMG) des Systemanbieters. Der Abschnitt „Materialdisposition" beinhaltet die folgenden, für Wiedenhagen relevanten Menüpunkte (vgl. Abb. 19, *Werkzeuge → Customizing → Einführungsleitfaden → Gesamtversion; Materialwirtschaft → Materialdisposition*).

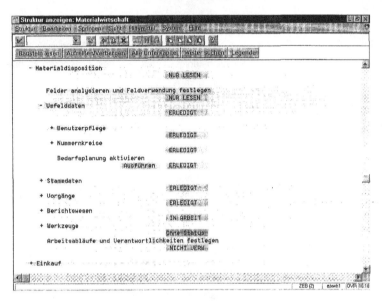

Abb. 19: Abschnitt Materialdisposition im IMG

4.4.1 Umfelddaten

Der Menüpunkt *Umfelddaten* enthält Systemeinstellungen, die im Vorfeld aller weiteren Einstellungen festzulegen sind.

Benutzerpflege

Zur Sicherung des R3-Systems vor unberechtigtem Zugriff ist ein Benutzer- und Berechtigungskonzept zu erstellen. Bestandteile eines solchen Konzepts sind Berechtigungen, Profile und Benutzer. Berechtigungen werden in Profilen definiert und sind einzeln oder in Sammelprofilen Benutzern zuzuordnen.

Für die Materialdisposition (ohne Verwendung von Planaufträgen) ist im Auslieferungssystem das Berechtigungsobjekt *M_MTDI_ORG* vorgesehen. Berechtigungsobjekte definieren die einstellbaren Parameter für die Berechtigungen; für die Materialdisposition sind dies *Aktivitätstyp*, *Werk* und *Disponent*.[191]

Benutzerpflege → Profile anlegen [OMDM]: Für den Disponenten im Werk Stockstadt wird das Profil *ZM_MTDI_050* erstellt. Hierzu wird das im System befindliche Profil *M_MTDI_1_ALL*, welches alle notwendigen Berechtigungen für die Materialdisposition vorsieht, kopiert. Der Parameter *Werk* wird mit dem Wert *0050* belegt, womit die Berechtigungen auf die Niederlassung Stockstadt eingeschränkt werden. Abschließend ist das Profil zu aktivieren. Bei einer Einführung der Materialdisposition in den anderen Niederlassungen kann das erstellte Profil kopiert und entsprechend angepaßt werden.

Benutzerpflege → Benutzerstammsätze pflegen [OMDL]: Dem Disponenten der Niederlassung Stockstadt wird das Profil *ZM_MTDI_050* zugeordnet.

Festlegung der Nummernkreise

Im Planungslauf erzeugt das System u.a. Bestellanforderungen und Dispositionslisten, die jeweils mit einer eindeutigen Belegnummer versehen werden. Zur Identifizierung des Auslösers werden unterschiedliche Nummernkreisintervalle vergeben. Der IMG beinhaltet dazu eine umfangreiche Aufgliederung, welche mit Vorbelegungen ausgeliefert wird.[192]

Nummernkreise → Planungslauf festlegen [OMI2]: Für die Belegart BANF muß aufgrund der Unternehmenssituation ein separater Nummernkreis erstellt werden. Derzeit wird mit dem Anlegen eines Streckenauftrags im Modul SD automatisch die Generierung einer BANF ausgelöst. Diese bezieht sich stets auf einen bestehenden Kundenauftrag, so daß sie i.d.R. ohne Änderungen in eine Bestellung umgewandelt wird. Bei der Festlegung der Nummernkreise sind die konkreten Bestellanforderungen aus dem Streckengeschäft von den systemseitigen Bestellvorschlägen des Lagergeschäfts zu trennen.

---

[191] Vgl. SAP (1995), Umfelddaten → Benutzerpflege → Berechtigungen pflegen
[192] Vgl. SAP (1995), Umfelddaten → Benutzerpflege → Nummernkreise

Im Unterpunkt *Intervalle* wird das bestehende Intervall „01" für Streckenge-schäfte um das Intervall „02" ergänzt (vgl. Tab. 4). Die Nummernvergabe soll intern durch das System erfolgen. Bei der Markierung des Feldes *Extern* verlangt das System hingegen die Eingabe einer Nummer zum Zeitpunkt der Erstellung des Belegs.

Nr.	Von Nummer	Bis Nummer	Extern
01	0010000000	0019999999	❏
02	0020000000	0029999999	❏

Tab. 4: Nummernkreisintervalle für Bestellanforderungen

Im Unterpunkt *Nummernkreise* wird dem Werk 0050 der Nummernkreis „02" zugeordnet. Der Disponent erkennt nun Bestellanforderungen, deren Nummer mit 2 beginnt, als Bestellvorschläge des Systems.

Aktivierung der Bedarfsplanung

Die Bedarfsplanung stützt sich auf die Planungsvormerkdatei, in der alle dispositionsrelevanten Materialien eines Werks aufgeführt sind. Folgende Schritte sind auszuführen:[193]

1. Die Bedarfsplanung ist werksbezogen zu aktivieren. Mit der Aktivierung erzeugt das System die Planungsvormerkdatei.

2. Sofern die Pflege der Dispositions- und Prognoseparameter in den Materialstammsätzen bereits vor Aktivierung der Bedarfsplanung erfolgt ist, sind die betroffenen Artikel nachträglich über ein ABAP/4-Programm in die Planungsvormerkdatei aufzunehmen.

3. Da die Eintragungen in der Planungsvormerkdatei dauerhaft sind, ist in periodischen Abständen eine Konsistenzprüfung durchzuführen. Das ent-sprechende ABAP/4-Programm überprüft die Datei und löscht nicht rele-vante Eintragungen.

Bedarfsplanung aktivieren [OMDU]: Die Bedarfsplanung wird mittels Markierung für das Werk 0050 aktiviert.

---

[193] Vgl. SAP (1995), Umfelddaten → Benutzerpflege → Bedarfsplanung aktivieren

Vormerkdatei aufbauen: Die Vormerkdatei wird über das Batch-Programm *RMMDVM00* mit den dispositionsrelevanten Materialien gefüllt. Im Gegensatz zur Dialogbearbeitung muß das Batch-Programm nicht direkt ausgeführt werden, Ausführungszeitpunkt und Ablauf sind variabel.

Mit der Funktion *Starttermin* wird der Ausführungszeitpunkt eines Programms variiert. Das Programm kann zu einem bestimmten Zeitpunkt, in periodisch wiederkehrenden Zeiträumen oder in Abhängigkeit von bestimmten Ereignissen gestartet werden. Der Aufbau der Vormerkdatei sollte sofort erfolgen.

Innerhalb der Funktion *Steps* werden der Programmname *RMMDVM00*, die zugehörige Variante und ggf. Druckparameter angegeben. Eine Variante enthält die Selektionskriterien eines ABAP/4-Programms. Sie kann innerhalb der ABAP/4-Entwicklungsumgebung (*Werkzeuge → Case → Entwicklung → Programmpflege → ABAP/4 Entwicklung [SE38]*) über die Funktion *Varianten anlegen/ändern* definiert werden. Als Eingaben sind der Name der Variante (z.B. „Aufbau der Vormerkdatei für Standort Stockstadt") und das Werk, für das die Vormerkdatei gelten soll (0050), erforderlich.

Konsistenzprüfung: Während der Aufbau der Vormerkdatei für ein Werk nur einmal durchgeführt werden muß, ist die Konsistenzprüfung ein periodisch wiederkehrender Arbeitsschritt. Für die Durchführung im Tagesgeschäft bieten sich zwei Vorgehensweisen an. Zum einen kann der Disponent die Konsistenzprüfung durchführen. Das Programm (*RMMDVM10*) sollte aber nicht im Umfeld des Customizing, sondern aus dem Menü Materialdisposition aufgerufen werden (*Logistik → Materialwirtschaft → Mat.Disposition → Pl.Vormerkung → Konsitenzpr.BATCH*). Effizienter ist es, das Programm periodisch vom System selbständig ausführen zu lassen. Diese Einstellung wird über die Funktion *Starttermin* realisiert. Um Systemressourcen im Alltagsgeschäft nicht unnötig zu belasten, kann die Konsistenzprüfung z.B. jeden Monat außerhalb der Arbeitszeit durchgeführt werden.

4.4.2 Stammdaten

Die für die Prognose und den Planungslauf wesentlichen Stammdatenobjekte sind Materialien und Disponenten.

Materialstamm

Die DV-gestützte Materialdisposition setzt umfangreiche Angaben im MS voraus. Durch Customizing werden Eingabeoptionen und ihre Auswirkungen festgelegt.

Materialstamm → Disposition → Dispositionsmerkmale überprüfen [OMDQ]: Das Dispositionsmerkmal steuert die Schritte des Systems bei der Prognose des Materialbedarfs und beim Planungslauf.[194] Die Standardeinstellungen der Dispositionsmerkmale werden zunächst unverändert übernommen (vgl. beispielhaft Abb. 20).

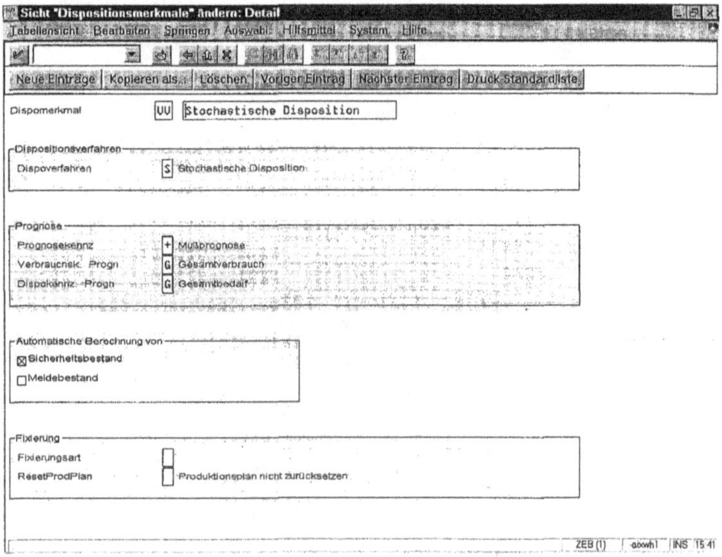

Abb. 20: Eigenschaften eines Dispositionsmerkmals

Materialstamm → Disposition → Losgrößenverfahren festlegen [OMI4]: Der Schlüssel Dispolosgröße im MS ordnet einem Material ein bestimmtes Losgrößenverfahren zu. Das System bietet im Auslieferungsumfang voreingestellte Alternativen an, die individuell geändert werden können (z.B. Änderung des Bedarfstermins).[195]

---

[194] Vgl. SAP (1995), Stammdaten → Materialstamm → Disposition → Dispositionsmerkmale überprüfen
[195] Vgl. SAP (1995), Stammdaten → Materialstamm → Disposition → Losgrößenverfahren festlegen

Bei Wiedenhagen wurden an den Standardeinstellungen keine Änderungen vorgenommen. Neu aufgenommen wurden die in Tab. 5 dargestellten periodischen Losgrößenverfahren. Sie führen dazu, daß jeweils ein zweiwöchiger bzw. dreiwöchiger Bedarf zu einer Losgröße zusammengefaßt wird.

Dispolosgröße	Losgrößenverfahren	Losgrößenkennzeichen	Perioden-anzahl
2W	P (Periodische Losgröße)	W (Period./Dyn. Losgröße)	2
3W	P (Periodische Losgröße)	W (Period./Dyn. Losgröße)	3

Tab. 5: Periodische Losgrößenbildung

Materialstamm → Disposition → Pufferzeiten festlegen [OMDC]: Im MS ist die Vergabe eines sog. Horizontschlüssels zwingend, dieser enthält diverse Puffer- bzw. Sicherheitszeiten.[196] Da bei Wiedenhagen keine Pufferzeiten einzurichten sind, beinhaltet der erstellte Horizontschlüssel 001 keine weiteren Einstellungen.

Materialstamm → Prognose → Bedarfsaufteilung festlegen [OMDG]: Bei Wiedenhagen werden in den Materialstammsätzen bisher jeweils monatliche Verbrauchswerte abgespeichert (Periodenkennzeichen „M – Monatlich"). Im Projekt wird vorgeschlagen, bei Materialien mit sehr vielen Warenabgängen eine Änderung auf eine wöchentliche Kumulierung vorzunehmen, da dadurch genauere Prognoserechnungen und einfachere Planungen möglich sind. Vorerst wird jedoch die monatliche Einstellung des Periodenkennzeichens bei allen Materialien beibehalten.[197]

Innerhalb des Unterpunkts *Bedarfsaufteilung* kann der ermittelte monatliche Prognosebedarf nachträglich auf kleinere Zeitintervalle verteilt werden.[198] Bei der stochastischen Disposition werden dadurch mehrere Bestellanforderungen erzeugt. Im MS wird über den Schlüssel *Aufteilungskennzeichen* den Artikeln der gewünschte Detailliertheitsgrad zugeordnet. Aus der Menge der im Projekt erstellten Aufteilungen seien die zwei Varianten der Tab. 6 angeführt:

---

[196] Vgl. ausführlich SAP (1995), Stammdaten → Materialstamm → Disposition → Pufferzeiten festlegen
[197] siehe auch Kapitel „Probleme und Lösungsansätze"
[198] Vgl. SAP (1995), Stammdaten → Materialstamm → Prognose → Bedarfsaufteilung festlegen

Werk	Aufteilungs-kennzeichen	Perioden-kennzeichen	Anzahl Tage	Anzahl Wochen	Anzahl Perioden
0050 (WP)	A	M – Monatlich		1	4
0050 (WP)	B	M – Monatlich	1	3	4

Tab. 6: Festlegung der Bedarfsaufteilung

Bei beiden Varianten werden die Prognosebedarfe für maximal vier Perioden angezeigt. Bei Materialien mit dem Aufteilungskennzeichen „A" wird der Bedarf für die aktuelle Periode wöchentlich aufgeteilt, für die folgenden Perioden bleibt er monatlich. Aufteilungskennzeichen „B" teilt die Prognosebedarfe im ersten Monat täglich, in den folgenden drei Monaten wöchentlich auf.

Disponenten

Das R/3-System sieht einen Disponenten als eine Person an, dessen Aufgabe in der Pflege der Stammdaten und der Überwachung der Materialdisposition besteht.[199] Das Feld *Disponent* beinhaltet keine Steuerungsfunktion. Es ist sowohl für statistische Auswertungen relevant, als auch ein wichtiges Selektionskriterium bei der Anzeige der Dispositionslisten. Jedem Material ist im MS genau ein Disponent zuzuordnen.

Das SAP-Konzept beinhaltet im Umfeld der Materialdisposition keine Auswertungsmöglichkeiten bezogen auf bestimmte Lieferanten und deren Werke. Da bei Wiedenhagen die Materialdisposition an den verschiedenen Standorten von jeweils einer Person wahrgenommen wird, nutzt der Autor das Feld *Disponent* für diese Spezifikation. Das System wird durch diese individuelle Interpretation des Feldes nicht modifiziert.

In Abstimmung mit der Fachabteilung wurde festgelegt, daß für Materialien, die stets von nur einem Lieferanten bezogen werden (z.B. „Perlite"), ein Disponent unter dem Namen des Lieferanten angelegt wird. Hat ein Lieferant mehrere Werke, in denen unterschiedliche Waren hergestellt werden, können mehrere Disponenten angelegt werden (z.B. „Knauf Iphofen", „Knauf Neuherberg"). Für die verbleibende, geringe Anzahl an Waren, die von verschiedenen Lieferanten abgeholt werden, wie z.B. Zement, ist ein Disponent benannt nach der Warengruppe anzulegen. Zusätzlich wird ein Disponent „Sonstige" angelegt.

---

[199] Vgl. SAP (1995), Stammdaten → Disponentengruppen anlegen

Disponenten anlegen [OMD0]: Tab. 7 dokumentiert die in der Einführungsphase definierten Disponenten. Da Disponenten nur über Customizing festgelegt werden können, erfolgen Änderungen bzw. neue Eintragungen von der
DV-Abteilung.

Werk	Disponent
0050 (WP)	001 – Sonstige
0050 (WP)	002 – Knauf Iphofen
0050 (WP)	003 – Knauf Neuherberg
0050 (WP)	003 – Orth
0050 (WP)	004 – Rigips
0050 (WP)	005 - Perlite
0050 (WP)	...

Tab. 7: Anlegen von Disponenten

4.4.3 Vorgänge

Im Menüpunkt *Vorgänge* werden Systemeinstellungen getätigt, die den
Planungslauf und das Prognoseprogramm betreffen. Die Systemeinstellungen
beziehen sich entweder auf das gesamte Werk oder wahlweise auf eine sog.
Dispositionsgruppe.

Eine Dispositionsgruppe ist ein „... Organisationsobjekt, mit dem einer Gruppe
von Materialien spezielle Steuerungsparameter für die Planung zugeordnet
werden können"[200]. Die Zuordnung eines Materials zu einer Dispositionsgruppe
dient der leichteren Erstellung und Änderung verschiedener Dispositionsparameter über mehrere Materialien hinweg. Die Dispositionsgruppe wird unter
dem Menüpunkt *Werkzeuge* angelegt.

Die Nutzung von Dispositionsgruppen ist für Wiedenhagen aus derzeitiger
Sicht nicht notwendig. Alle folgenden Einstellungen sollen für das gesamte
Werk Stockstadt gelten. Da die Vergabe einer Dispositionsgruppe im MS
zwingend ist, wird die im System enthaltene Dispositionsgruppe „0000"
herangezogen. Diese Gruppe ist bereits allen Materialien bei Wiedenhagen
standardmäßig zugeordnet. Sie enthält keine weiteren Einstellungen.

---

[200] SAP (1995), Werkzeuge → Dispositionsgruppen festlegen

Planungslauf

Fremdbeschaffung festlegen [OMDT]: Parameter, die im Unterpunkt *Fremd-beschaffung* festzulegen sind, zeigt Tab. 8:[201]

Feld	Einstellungen
Bearbeitungszeit Einkauf	1 (Arbeitstag)
Ersatz-Einkäufergruppe	050 (EK-Stockstadt)
Terminbestimmung laut Infosatz / Vertrag	❏
Erstellung von Lieferplaneinteilungen	1 (keine Lieferplaneinteilungen)

Tab. 8: Paramter der Fremdbeschaffung

Der Wert im Feld *Bearbeitungszeit Einkauf* wird dem Disponenten zugestanden, um die vom System generierte BANF in eine Bestellung umzuwandeln. Der hierfür veranschlagte Arbeitstag wird in die Terminierung der Bestellvorschläge einbezogen, bei der Berechnung der Sicherheits- und Meldebestände wird er nicht berücksichtigt.

Ist im MS das Feld *Einkäufergruppe* nicht gepflegt, wird die im IMG hinterlegte Ersatz-Einkäufergruppe herangezogen.

Ein Einkaufsinfosatz enthält u.a. die Lieferzeit eines Materials bei einem bestimmten Lieferanten. Dieser Wert kann für die Terminierung der Bestellvorschläge verwendet werden, sofern ein entsprechender Eintrag im Orderbuch existiert. Die zeitliche Einplanung der Bestellvorschläge soll bei Wiedenhagen allerdings über das Feld *Planlieferzeit* im MS (mit Hilfe von Profilen) und nicht über den Infosatz vorgenommen werden. Als Gründe sind zu nennen:

1. Die Lieferzeiten in den Einkaufsinfosätzen sind derzeit sehr uneinheitlich gepflegt.
2. Die Anpassung der Lieferzeit an die aktuelle Situation des Herstellers ist durch den Aufruf des jeweiligen Einkaufsinfosatzes sehr zeit- und personalintensiv.
3. Die Lieferzeiten der Hersteller entsprechen i.d.R. nicht den durchschnittlichen Abholzeiten von Wiedenhagen, die für die Materialdisposition aber wesentlich zweckmäßiger sind.

---

[201] Vgl. SAP (1995), Vorgänge → Planungslauf → Fremdbeschaffung festlegen

Planungshorizont bestimmen [OMDX]: Der Umfang des Planungslaufs wird bei einer Veränderungsplanung im kurzfristigen Planungshorizont (NETPL) auf Materialien mit einem Aktualitätskennzeichen begrenzt. Der hier festzulegende kurzfristige Planungshorizont legt den Zeitraum fest, für den bei dispositiven Änderungen Aktualitätskennzeichen gesetzt werden.[202] Für das Werk Stockstadt wird der Planungshorizont zunächst auf 15 Arbeitstage angesetzt.

Umterminierungshorizont bestimmen [OMDW]: Der Umterminierungshorizont ist der Teil des Planungsbereichs, in dem ggf. bestehende Bestellungen oder fixierte Bestellanforderungen zeitlich verschoben werden.[203] Da bei Wiedenhagen Bestellanforderungen nicht fixiert werden sollen, Bestellungen üblicherweise sofort per Fax an die Lieferanten übermittelt werden und das Datum der Warenabholung letztendlich die Tourenplanung vorgibt, sind keine Einstellungen zu tätigen.

Erstellungskennzeichen festlegen [OMDZ]: Beim Aufruf des Planungslaufs ist mit diversen Eingaben festzulegen, welche Belege das System unter bestimmten Umständen erstellen soll. Diese sog. Erstellungskennzeichen besitzen im Ausgangsbild des Planungslaufs lediglich einen Vorschlagscharakter, das System berücksichtigt vorrangig Einstellungen im IMG.[204] Bei Wiedenhagen werden keine Einstellungen getätigt, die Eingaben beim Start des Planungslaufs sind somit für alle Materialien gültig.

Allgemein → Fehlerbehandlung festlegen [OMDY]: Unter dem Menüpunkt *Fehlerbehandlung* wird u.a. festgelegt, wie das System bei Ausnahmesituationen reagieren soll.[205] Die Einflußnahme beschränkt sich auf die Angabe einer maximalen Anzahl von Bestellvorschlägen - der Wert wird für das Werk Stockstadt auf 8 festgelegt - und die Angabe eines Ersatzdisponenten, nämlich Disponent „001 - Sonstige".

Allgemein → Positionsnummern festlegen [OMI5]: Für die vom System erstellten Bestellanforderungen können Intervalle für die Positionsnummern

[202] Vgl. SAP (1995), Vorgänge → Planungslauf → Planungshorizont bestimmen
[203] Vgl. SAP (1995), Vorgänge → Planungslauf → Umterminierungshorizont bestimmen
[204] Vgl. SAP (1995), Vorgänge → Planungslauf → Erstellungskennzeichen festlegen
[205] Vgl. SAP (1995), Vorgänge → Planungslauf → Allgemein → Fehlerbehandlung festlegen

innerhalb des Belegs vergeben werden.[206] Wie bei allen anderen Belegen der Firma Wiedenhagen werden Positionsnummern in 10'er Schritten vergeben.

Prognose

Sofern in der Vergangenheit Sondereinflüsse den Geschäftsablauf bestimmt haben oder solche in der Zukunft zu erwarten sind, können im R/3-System über Korrekturfaktoren Anpassungen vorgenommen werden. In den Materialstammsätzen sind materialspezifische Änderungen möglich, im IMG werden für ausgewählte Perioden Korrekturfaktoren für alle Materialien eines Werks festgelegt (*Korrekturfaktoren pflegen [OMDJ]*). Im MS wird durch Markierung des Feldes *Korrekturfaktoren* festgelegt, ob die über Customizing getätigten Einstellungen für das betreffende Material heranzuziehen sind.[207]

Dazu folgendes Beispiel: Im Herbst 1997 wurde bedingt durch Überschwemmungen in Ostdeutschland ("Oderbruchkatastrophe") in der Niederlassung Schkopau ein einmaliger, überdurchschnittlicher Absatz an Baustoffen realisiert. Bei einer Einführung der Materialdisposition am Standort Schkopau sind die Verbrauchszahlen dieser Periode weniger zu gewichten, damit das System bei der Analyse der Verbrauchszahlen diesen Mehrabsatz nicht als periodisch wiederkehrenden Saisonbedarf ansieht.

4.4.4 Berichtswesen und Werkzeuge

Berichtswesen

Die Einstellungsmöglichkeiten im Berichtswesen sind begrenzt. Für die Ausnahmemeldungen kann jeweils eine eigene Textbeschreibung definiert und die Zuordnung zu einer Ausnahmegruppe geändert werden. Ausnahmemeldungen lassen sich auch deaktivieren.[208] Für die Dispositionslisten können u.a. zusätzliche Periodenraster definiert werden.[209] Bei Wiedenhagen werden zunächst die Standardeinstellungen unverändert übernommen, es wird lediglich die sog. Laufzeitstatistik aktiviert. Sie dient zur Kontrolle von Umfang und Dauer der Planungsläufe.[210]

---

[206] Vgl. SAP (1995), Vorgänge → Planungslauf → Allgemein → Positionsnummern festlegen
[207] Vgl. SAP (1995), Vorgänge → Prognose → Korrekturfaktoren pflegen
[208] Vgl. SAP (1995), Berichtswesen → Dispositionsliste f.
[209] Vgl. SAP (1995), Berichtswesen → Periodenraster pflegen
[210] Vgl. SAP (1995), Berichtswesen → Laufzeitstatistik aktivieren

Laufzeitstatistik aktivieren [OMDR]: Die Laufzeitstatistik wird mittels Markierung aktiviert, der Feinheitsgrad auf den Wert "1" gesetzt. Die Laufzeitstatistik, die nach Beendigung des Planungslaufs angezeigt wird, gibt nun für jedes Material die zeitliche Beanspruchung des Systems sowie bestimmte Laufzeitmeldungen an.

Werkzeuge

Unter dem Menüpunkt *Werkzeuge* können zusammengefaßt alle Werks- und Dispositionsgruppenparameter gepflegt und kontrolliert werden.

Werksparameter einstellen [OMI8]: Die relevanten Werksparameter wurden in den vorherigen Abschnitten definiert. Der Menüpunkt *Werksparameter einstellen* stellt ein hilfreiches Kontrollinstrument zur Übersicht über den Pflegestatus dar.[211]

4.5 Anwendung der DV-gestützten Materialdisposition

4.5.1 Pflege von Profilen und Stammdaten

Eine zuverlässige DV-gestützte Materialdisposition erfordert eine umfangreiche und regelmäßige Pflege der Materialstammdaten. Für jedes vom System zu disponierende Material sind verschiedene Dispositionsparameter und - mit Ausnahme der manuellen Bestellpunktdisposition - Prognoseparameter zu pflegen *(Logistik → Materialwirtschaft → Materialstamm → Ändern;* Sicht: „Disposition 1", „Disposition 2" sowie „Prognose").

Um den Pflegeaufwand zu minimieren, sieht das System die Bildung von sog. Profilen vor. Ein Profil ist „... eine Sammlung von Informationen zur Konfiguration bestimmter Objekte"[212]. **Dispositions- und Prognoseprofile** enthalten bestimmte Einstellungen, die für eine Gruppe von Materialien gleichermaßen zutreffen. Durch die Zuordnung eines Profils zu einer Materialgruppe entfällt ein großer Teil des individuellen Pflegebedarfs für die im Profil festgehaltenen Parameter.

---

[211] Vgl. SAP (1995), Werkzeuge → Werksparameter einstellen
[212] SAP (1994a), Parameterpflege mit Profilen → Profile

Neben der Zeitersparnis durch verminderten Pflegeaufwand leisten Profile auch einen Beitrag zu einer erhöhten Stammdatenqualität. Um manuelle Änderungen im MS zu unterbinden, werden Parameter im Profil als sog. Festwerte (in den Tabellen mit „F" abgekürzt) definiert. Die Änderung eines Parameters ist somit nur im Profil möglich und gilt dann für alle Materialien, die diesem Profil zugeordnet sind. Im Gegensatz dazu stehen die Vorschlagswerte (in den Tabellen mit „V" abgekürzt). Diese werden, sofern nicht bereits Eintragungen bestehen, zwar in den MS übernommen, können dort aber individuell geändert werden.

Dispositionsparameter

Für Wiedenhagen wurde das Feld *Disponent* mit dem Namen des Lieferwerks eines Lieferanten belegt (siehe Customizing S. 74). Es erweist sich nun besonders vorteilhaft, für jeden dieser Disponenten ein eigenes Dispositions-profil anzulegen. Damit wird u.a. sichergestellt, daß die Felder *Disponent* und *Planlieferzeit* bei allen Materialien, die von einem Werk bezogen werden, einheitliche Werte aufweisen. Die Tab. 9 zeigt beispielhaft das Dispositionspro-fil „Knauf Iphofen" für den Disponenten (Lieferantenwerk) „Knauf Iphofen" *(Logistik → Materialwirtschaft → Materialstamm; Profil → Dispositionsprofil → Anlegen).*[213]

Feld	F	V	Ein-stellung	Bedeutung
Dispositionsmerkmal		☑	VV	Stochastische Disposition
Dispolosgröße		☑	EX	Exakte Losgröße
Disponent	☑		002	Lieferantenwerk „Knauf Iphofen"
Planlieferzeit	☑		8	(Arbeitstage)
Lieferbereitschaftsgrad		☑	96%	
Horizontschlüssel	☑		001	(enthält keine Pufferzeiten)
Periodenkennzeichen		☑	M	Monatskennzeichen
Aufteilungskennzeichen	☑		A	(siehe Customizing)

Tab. 9: Beispiel eines Dispositionsprofils

---

[213] Vgl. zu Dispositionsparametern SAP (1994a), Dispositionsparameter → Dispositionsparameter pflegen

Die wesentlichen Einstellungen des Profils begründen sich wie folgt:

⇒ **Dispositionsmerkmal und Dispolosgröße**

Die Felder werden lediglich mit Vorschlagsdaten belegt. Gemäß den Ergebnissen der ABC- und XYZ-Analyse nimmt die Fachabteilung individuelle Änderungen im MS vor. Eine umfangreiche individuelle Pflege ist insbesondere bei der manuellen Bestellpunktdisposition nötig.

⇒ **Disponent**

Im Feld *Disponent* wird der Name des zugehörigen, über Customizing definierten Disponenten eingetragen. Um Verwirrungen zu vermeiden, sollte der Name des Disponenten mit dem des Dispositionsprofils identisch sein.

⇒ **Planlieferzeit**

Die Planlieferzeit ist ein bedeutender Parameter für die Terminierung der Bestellvorschläge. Bei Nutzung des Prognoseprogramms wirkt sie sich außerdem auf die Höhe der Melde- und Sicherheitsbestände aus.

Die Planlieferzeit umfaßt die übliche Anzahl der Tage, bis der Hersteller seitens Wiedenhagen angefahren wird. Der Wert ist abhängig von der Auftragslage der Baumärkte und stellt daher nur einen vorübergehenden Durchschnittswert dar. Die Planlieferzeit entspricht jedoch mindestens der Zeit, die der Lieferant durchschnittlich für die Auftragsannahme und Bereitstellung der Ware benötigt. Haben Waren unterschiedliche Fertigungszeiten, muß die Planlieferzeit im Profil als Vorschlagswert definiert und im MS individuell festgelegt werden. Ansonsten ist zu einer Anpassung an die aktuelle Situation durch die Kombination Dispositionsprofil/Disponent nur eine einzige globale Änderung im Profil erforderlich.

⇒ **Lieferbereitschaftsgrad**

Bei Nutzung des Prognoseprogramms wird die Höhe der Sicherheits- und Meldebestände vor allem durch den Lieferbereitschaftsgrad bestimmt (vgl. S. 91).

Die Höhe der insgesamt zu erfüllenden Lieferbereitschaft bemißt sich bei Wiedenhagen aus den Rahmenvereinbarungen mit den Baumarkt-Ketten. Das Feld *Lieferbereitschaftsgrad* wird zunächst mit einem Vorgabewert (z.B. 96%) belegt. Der Disponent kann im MS individuelle Änderungen vornehmen. Folgende Strategien sollten dabei befolgt werden:[214]

- Aufgrund der hohen Kapitalbindung ist bei A-Artikeln ein niedriger Lieferbereitschaftsgrad anzusetzen. Gleichzeitig sind verstärkte Bestandskontrollen durchzuführen.
- Bei C-Artikeln ist aufgrund der niedrigen Kapitalbindung ein hoher Lieferbereitschaftsgrad unproblematisch.
- Aufgrund der geringen Vorhersagegenauigkeit ist bei Z-Artikeln der Lieferbereitschaftsgrad besonders sorgfältig zu bestimmen.

Da nicht alle Einstellungen in den Dispositionsprofilen festgehalten werden können, ist eine regelmäßige Pflege der betreffenden Sichten im MS erforderlich. Die Abb. 21 zeigt beispielhaft die Sicht „Disposition 1".

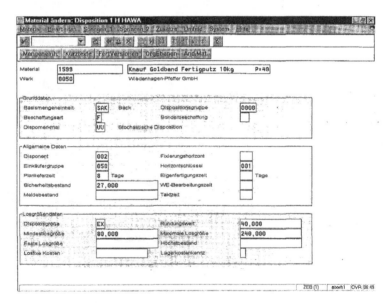

Abb. 21: Die Sicht „Disposition 1" im Materialstammsatz

Über den Menüpfad *Bearbeiten* → *Dispoprofil* wurden dem Material bereits die o.a. Einstellungen seines Dispositionsprofils zugeordnet. Der Disponent kann

---

[214] Vgl. Hartmann (1996), S. 388 f.

nun abweichende oder ergänzende Einstellungen vornehmen. Diese können z.B. sein:

⇒ **Mindestlosgröße und maximale Losgröße**

Die ausgewiesene Bestellmenge der BANF entspricht mindestens dem Wert im Feld *Mindestlosgröße* (evtl. vom Lieferanten vorgeschrieben) und höchstens dem Wert im Feld *Maximale Losgröße* (z.B. maximale Kapazität eines Lkws).

⇒ **Rundungswert**

Das Feld *Rundungswert* kann dazu dienen, den Ausgleich zwischen der Basismengeneinheit einer Ware (z.B. 1 Sack) und der Bestellmengeneinheit beim Lieferanten (z.B. 1 Palette à 40 Sack) herzustellen. Der Bestellvorschlag entspricht einem Vielfachen des hier angegebenen Wertes.

Das System führt innerhalb der Stammdatenpflege Plausibilitätsprüfungen durch. Beim Verfahren der festen Losgröße sind die o.a. Modifizierungen z.B. nicht gestattet. In dem hier aufgeführten Beispiel des exakten Losgrößenverfahrens wird das System abhängig vom berechneten Nettobedarf eine Bestellmenge aus dem Zahlenbereich 80, 120, 160, 200, 240 vorschlagen.

Die Fachabteilung wird angewiesen, auch den weiterhin manuell zu disponierenden Materialien die entsprechenden Disponenten zuzuordnen. Damit wird gewährleistet, daß spätere Auswertungen bezogen auf Disponenten eine vollständige Übersicht aller Materialien eines Lieferanten geben.

Prognoseparameter

Bei Wiedenhagen soll das System die für das Prognoseprogramm relevanten Einstellungen überwiegend selbständig vornehmen, dazu gehören insbesondere die Auswahl des Prognosemodells sowie die ständige Parameteroptimierung. Der Disponent soll nur korrigierend eingreifen. Die Zielerreichung kann bei monatlichem Periodenkennzeichen zumindest in der Anfangsphase mit der Erstellung von nur zwei Profilen bewirkt werden. Die Einstellungen des ersten Profils mit dem Namen „Initialisierung (Monat)" zeigt Tab. 10 *(Logistik →* *Materialwirtschaft → Materialstamm; Profil → Prognoseprofil → Anlegen)*.[215]

---

[215] Vgl. zu Prognoseparametern SAP (1994a), Prognoseparameter → Prognoseparameter pflegen

Davon abweichende Einstellungen, wie z.B. die manuelle Einstellung der Glättungsfaktoren, erlaubt das zweite Profil „Nur Vorschlagswerte (Monat)"; es enthält die gleichen Einstellungen, jedoch keine Festwerte.

Feld	F	V	Ein-stellung	Bedeutung
Anzahl der Vergangenheitswerte	☑		60	Standard- und Maximalwert
Initialisierungskennzeichen	☑		X	Initialisierung durch das System
Anzahl Initialisierungsperioden		☑	15	
Anzahl Perioden pro Saisonzyklus	☑		12	
Anzahl der Prognoseperioden		☑	3	Bedarfsermittlung für drei Perioden
Modellauswahlkennzeichen	☑		A	Modellzuordnung durch System
Modellauswahlverfahren	☑		2	Intensiver Test, niedrigster MAD
Kennzeichen Parameteroptimierung	☑		X	Paramteroptimierung durch System
Optimierungsgrad	☑		F	Feiner Optimierungsgrad
Signalgrenze		☑	4	(Standardwert)

Tab. 10: Das Prognoseprofil „Initialisierung (Monat)"

Wesentliche Elemente dieses Profils sind:

⇒ **Anzahl der Vergangenheitswerte**

Dieser Parameter schränkt die Länge des Verbrauchszeitraums ein. Der Standard- und Maximalwert im R/3-System beträgt 60 Vergangenheitswerte bzw. Perioden.[216] Da das System bei aktivierter Parameteroptimierung den Verbrauchsverlauf ständig analysiert und bei ausreichenden Verbrauchsdaten zusätzlich eine Ex-post-Prognose durchführt, ist die Einbeziehung vieler Perioden vorteilhaft.

⇒ **Anzahl der Initialisierungsperioden**

Die Anzahl der erforderlichen Initialisierungsperioden ist abhängig vom Prognosemodell. Das komplexe Trend-Saisonmodell verlangt z.B. einen vollen Saisonzyklus zuzüglich drei Perioden.[217] Bei Wiedenhagen entspricht die Anzahl der Perioden pro Saisonzyklus bei monatlichem Periodenkennzeichen stets dem Wert 12 (ein Jahr; vgl. hierzu auch Tab. 3, S. 66). Da die

---

[216] Vgl. zu Prognoseparametern SAP (1994a), Prognoseparameter → Prognoseparameter pflegen
[217] Vgl. SAP (1994a), Prognoseparameter → Modellinitialisierung

Verbrauchsreihe auf alle Gesetzmäßigkeiten hin untersucht werden soll, ist im Feld *Anzahl Initialisierungsperioden* der Wert 15 einzutragen.

Reichen die im System gespeicherten Verbrauchswerte nicht aus, weil z.B. ein neuer Artikel in die Planung aufgenommen wurde, kann die Prognose nicht ausgeführt werden und das System erstellt eine Abbruchmeldung. Sind bei dem betroffenen Material Saisonschwankungen zu erwarten, sollte vorerst kein mathematisches Prognoseverfahren eingesetzt werden. Anderenfalls hat der Disponent die Möglichkeit, die Anzahl der Initialisierungsperioden im MS herabzusetzen oder er ordnet dem Material das Vorschlagsprofil zu und tätigt alle Einstellungen selbst.

Für eine zufriedenstellende Anwendung von Prognoserechnungen bei Materialien mit Saisonschwankungen gelten in der Literatur als Voraussetzung Aufzeichnungen der Materialbewegungen über mindestens zwei (besser drei bis vier) Saisonzyklen.[218] R/3 benötigt beim Saisonmodell lediglich einen Saisonzyklus zuzüglich einer Periode[219] und unterstellt bei starken Schwankungen eine saisonale Gesetzmäßigkeit, ohne dies anhand eines Vergleichs zu vorhergehenden Zyklen verifizieren zu können. Sobald dem System neue Verbrauchsdaten vorliegen und diese von der unterstellten Struktur abweichen, wird der Disponent anhand einer Fehlermeldung informiert, z.B. "Zeitreihencharakteristik hat sich verändert!".

⇒ **Parameter, die den Automatisierungsgrad steuern**

Bei den Einstellungen bezüglich des Automatisierungsgrads (Modellauswahlkennzeichen, Modellauswahlverfahren, Kennzeichen Parameteroptimierung, Optimierungsgrad) wurde der Laufzeit des Systems nur eine untergeordnete Bedeutung beigemessen. Eine längere Laufzeit wurde bisher nur registriert, wenn das Prognoseprogramm die Modellinitialisierung für eine Vielzahl an Materialien durchführte. Zudem soll zukünftig das Prognoseprogramm über eine Batch-Anforderung außerhalb der Arbeitszeiten gestartet werden.

---

[218] Vgl. z.B. Zeigermann (1970), S. 75
[219] Vgl. SAP (1994a), Prognoseparameter → Modellinitialisierung

Abb. 22 zeigt die Sicht „Prognose" im MS. Eine Prognose wurde in diesem Beispiel bereits durchgeführt, die Ergebnisse wurden fortgeschrieben. Über *Zusätze → Prognose* können Modellparameter (MAD, Fehlersumme etc.) und Prognosebedarfe angezeigt werden. Welches Modell dem Artikel zugeordnet wurde, erkennt der Disponent an der Abkürzung im Feld *Prognosemodell*.[220]

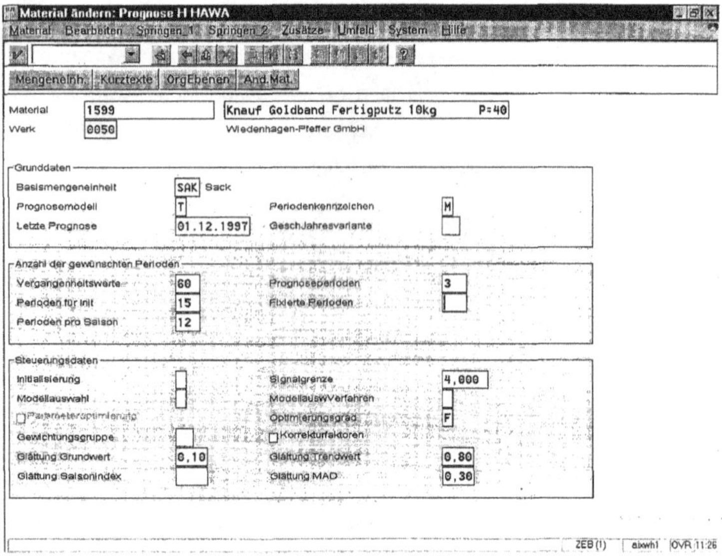

Abb. 22: Die Sicht „Prognose" im Materialstammsatz

Ist der Disponent unzufrieden mit den Systemvorgaben oder verfügt er über besondere Kenntnisse (z.B. Artikel wird von Baumärkten ausgelistet, Lieferant führt keine Streckenlieferungen mehr durch), kann er auf verschiedene Weise Anpassungen vornehmen:

1. Das Prognosemodell wird manuell vorgegeben.
2. Die Glättungsparameter werden manuell festgelegt.
3. Korrekturfaktoren werden im IMG definiert und durch Markierung des Feldes *Korrekturfaktoren* aktiviert.
4. Verbrauchswerte werden über Korrekturfaktoren abgeändert.
5. Prognosewerte werden nachträglich über Korrekturfaktoren abgeändert.

---

[220] Dabei bedeuten u.a.: D = Konstantmodell ohne Anpassung der Glättungsfaktoren; K = Konstantmodell mit Anpassung der Glättungsfaktoren; T = Trendmodell; S = Saisonmodell und X = Trend-Saisonmodell

4.5.2 Durchführung der Prognose

Eine Prognose kann für einen einzelnen Artikel oder für alle Artikel eines Werks durchgeführt werden. Der generelle Ausgangspfad für den Aufruf des Prognoseprogramms lautet: *Logistik → Materialwirtschaft → Mat.Disposition → Materialprognose [LPRO];* danach u.a. *Einzelprognose → Durchführen.* Nach Abschluß der Prognose listet R/3 je nach Konfiguration diverse Ablaufmeldungen auf und speichert bei positiver Durchführung die Ergebnisse im MS ab.

Bei einer weitgehenden Automatisierung (z.B. Start über eine Batch-Anforderung, Parameteroptimierung durch das System) wird der Disponent mit der Gestaltung und dem Ablauf der Prognose kaum belastet. Fehlermeldungen werden auch in den später erläuterten Dispositionslisten angezeigt. Die folgenden Aufzeichnungen sollen anhand von Beispielen die Rechenschritte des Systems verdeutlichen.

Berechnung des Bedarfs

Die Berechnung der Bedarfswerte erfolgt mit Hilfe einer fiktiven Verbrauchsreihe mit nicht-linearen Trendverlauf. Tab. 11 zeigt eine Zeitreihe über vier Perioden, bei der pro Periode ein Anstieg des Verbrauchs von 5% gegeben ist. Um die Rechnung besser nachvollziehen zu können, werden Kommazahlen verwendet. Die Verbrauchswerte werden manuell in den MS eingetragen *(Logistik → Materialwirtschaft → Materialstamm; Material → Ändern; Sicht: „Disposition 1"; Zusätze → Verbrauch).* Die Glättungsparameter sind mit α=0,3 (Grundwert), β=0,3 (Trendwert) und σ=0,5 (MAD) gewählt, die Anzahl der Initialisierungsperioden wird auf drei gesetzt. Die Modellauswahl wird dem System überlassen.

Periode	Monat	Verbrauch
4	10-1997	115,76
3	09-1997	110,25
2	08-1997	105
1	07-1997	100

Tab. 11: Beispielwerte für einen trendförmigen Verbrauchsverlauf

Hat das System den Verbrauchsverlauf anhand des vorgegebenen Verfahrens analysiert und die Zuordnung zu einem Prognosemodell vorgenommen, werden die Startwerte für das Berechnungsverfahren ermittelt. Der Grundwert der dritten Periode $G_{(t3)}$ ergibt sich durch Addition des gleitenden Mittelwerts der ersten drei Perioden $M_{(t3)}$ und dem zugehörigen Trendwert $T_{(t3)}$, der durch eine Regressionsrechnung ermittelt wird:

$$M_{(t3)} = \frac{100 + 105 + 110,25}{3} = 105,083 \text{ (Vgl. Formel 1, S. 40)}$$

Steigung bzw. Trendwert der dritten Periode $T_{(t3)} = \dfrac{V_{(t3)} - V_{(t1)}}{\text{Anzahl der Perioden}}$

bzw. $T_{(t3)} = \dfrac{(110,25 - 100)}{2} = 5,125$

$$G_{(t3)} = 105,083 + 5,125 = 110,208$$

Die Addition von $G_{(t3)}$ und $T_{(t3)}$ ergibt den Prognosewert für die Periode 4 $P_{(t4)}$:

$$P_{(t4)} = 110,208 + 5,125 = 115,333$$

Ab der vierten Periode gilt für alle folgenden Berechnungen die exponentielle Glättung 1. Ordnung (nach Winters).

Für den Grundwert der Periode 4 gilt die Formel 3, S. 42:

$$G_{(t4)} = 110,208 + 5,125 + 0,3 * (115,76 - 110,208 - 5,125) = 115,461$$

Der Trendwert der Periode 4 errechnet sich nach Formel 4, S. 42:

$$T_{(t4)} = 5,125 + 0,3 * (115,461 - 110,208 - 5,125) = 5,163$$

Da bisher nur eine Vorhersage abgeschlossen ist, entspricht die Fehlersumme der vierten Periode $FS_{(T4)}$ der Differenz aus der Vorhersage dieser Periode $P_{(t4)}$ und dem tatsächlich aufgetretenen Verbrauch (Prognosefehler):

$$FS_{(t4)} = 115,76 - 115,333 = 0,427$$

Für die mittlere absolute Abweichung der vierten Periode $MAD_{(t4)}$ gilt bei $\sigma = 0,5$:

$$MAD_{(t4)} = 0,056 + 0,5 * 0,427 - 0,5 * 0,056 = 0,242 \text{ (vgl. Formel 11, S. 45)}[221]$$

Die Abb. 23 dokumentiert die Ergebnisse für den Grund- und Trendwert sowie für den MAD und die Fehlersumme.

---

[221] 0,056=MAD der Vorperiode

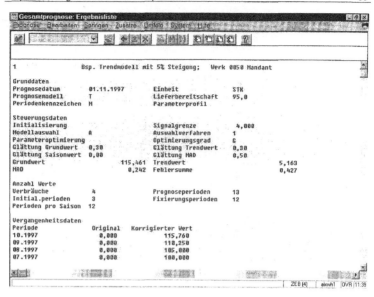

Abb. 23: Ermittelte Steuerungsdaten des Prognoseprogramms

Alle zukünftigen Bedarfswerte setzen sich nun aus dem Grundwert $G_{(14)}$ und dem Trendwert $T_{(14)}$, der mit der Anzahl der vorauszusagenden Periode multipliziert wird, zusammen (vgl. Formel 5, S. 42). Für die Prognosewerte der Perioden 5 und 6 $P_{(15)}$ bzw. $P_{(16)}$ gilt z.B.:

$$P_{(15)} = 115{,}461 + 5{,}163 = 120{,}624 \quad \text{(R/3 rundet auf 120 ab!)}$$

$$P_{(16)} = 115{,}461 + 2 * 5{,}163 = 125{,}787 \quad \text{(R/3 rundet auf 125 ab!)}$$

Die Abb. 24 zeigt Prognoseergebnisse und Ablaufmeldungen des Systems. Die Wahl eines nicht-linearen Trendverlaufs soll die zunehmende Ungenauigkeit von Prognoserechnungen bei steigender Anzahl der Prognoseperioden verdeutlichen. Unter der Annahme, daß sich der Bedarf auch in den folgenden Perioden jeweils um 5% erhöht, ergibt sich die in Abb. 25 dargestellte Fehlerabweichung. Prognoserechnungen sollten deshalb nicht zu weit in die Zukunft reichen und regelmäßig mit aktualisierten Verbrauchszahlen wiederholt werden.

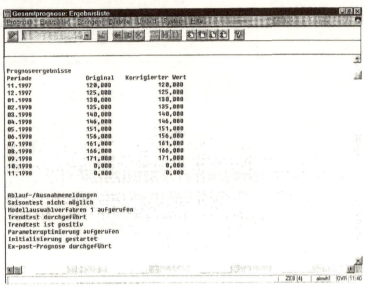

Abb. 24: Prognoseergebnisse/Ablaufmeldungen des Prognoseprogramms[222]

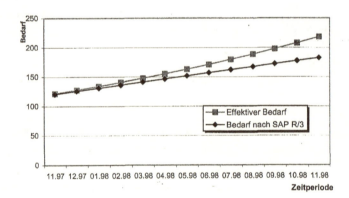

Abb. 25: Zunehmende Prognosefehler bei erweitertem Planungshorizont

---

[222] Das System berechnet im Normalfall für die aktuelle Periode (11-97) keinen Bedarf. Um dies für das vorliegende Beispiel dennoch zu bewerkstelligen, wurden Fixierungsperioden verwendet. Bei Verzicht auf Fixierungsperioden ist der Bedarf der Perioden 10-98 und 11-98 nicht gleich 0, sondern berechnet sich wie gezeigt; das System kann keinen Saisontest ausführen, da mindestens Daten von 13 Vergangenheitsperioden vorliegen müßten.

Berechnung des Sicherheits- und Meldebestands

R/3 berücksichtigt bei der Berechnung des Sicherheitsbestands SB den Lieferbereitschaftsgrad, die Lieferzeit[223] und die Qualität der Prognose:

$$SB = R * \sqrt{\frac{Lieferzeit}{Kalendertage}} * MAD \; [224]$$

Der in der Berechnungsformel verwendete Faktor R beschreibt bei unterstellter Normalverteilung den Zusammenhang zwischen der Standardabweichung SIGMA und dem Lieferbereitschaftsgrad (LBG).[225] Die Tab. 12 zeigt für ausgewählte Lieferbereitschaftsgrade den Faktor R. Bei einer Lieferbereitschaft von nur 50% ist bei Normalverteilung kein Sicherheitsbestand nötig. Soll eine höhere Lieferbereitschaft gewährleistet werden, muß der Sicherheitsbestand überproportional erhöht werden (vgl. hierzu auch Abb. 14, S. 49).

LBG (%)	Faktor R
50	0
75	0,84
95	2,06
98	2,56
99,8	4

Tab. 12: Der Faktor R für ausgewählte Lieferbereitschaftsgrade[226]

Für den Meldebestand MB gilt die Formel:[227]

$$MB = SB + Tagesbedarf * Wiederbeschaffungszeit$$

Hierzu ein Beispiel: Bei einem Lieferbereitschaftsgrad von 95%, einer Planlieferzeit von sieben Tagen und einer Wareneingangsbearbeitungszeit von einem Tag beträgt der Sicherheitsbestand bei einem MAD von 20:

$$SB = 2,06 * \sqrt{\frac{7+1}{30}} * 20 = 21,275 \approx 22$$

---

[223] In die Lieferzeit bezieht das System die Planlieferzeit und die Wareneingangsbearbeitungszeit. Die Vorlaufzeit für den Einkauf, die im IMG definiert wurde, wird nicht berücksichtigt. Die Begriffe Lieferzeit und Wiederbeschaffungszeit verwendet das System nach Ansicht des Autors synonym.

[224] Ein Monat hat bei Fremdbeschaffung immer 30 Tage. Übersteigt die Wiederbeschaffungszeit die Länge der Prognoseperiode, wird der MAD auf diesen Zeitraum umgerechnet; vgl. SAP (1994a), Prognoseformeln → Berechnung des Sicherheits- und Meldebestands

[225] Vgl. dazu (1 SIGMA=1,25*MAD=LBG 84,13% etc.) Hartmann (1993), S. 392 f.; vgl. Zeigermann S. 83

[226] SAP (1994a), Prognoseformeln → Berechnung des Sicherheits- und Meldebestands

[227] Vgl. ebenda

Bei einem prognostizierten Monatsbedarf von 100 ME (Basismengeneinheit) gilt für den Meldebestand:

$$MB = 22 + \frac{100}{30} * 8 = 48,667 \approx 49$$

In der Praxis zeigt sich der Nachteil der Berechnungsweisen darin, daß die jeweiligen Verpackungseinheiten nicht berücksichtigt werden. Das System berechnet Bestände, die angebrochenen Paletten oder Kartons entsprechen.

4.5.3 Durchführung des Planungslaufs und Nutzung der Dispositionslisten

In Abb. 26 wird das Ausgangsbild beim manuellen Aufruf des Planungslaufs gezeigt *(Logistik → Materialwirtschaft → Mat.Disposition → Bedarfsplanung; Bedarfsplanung → Gesamtplanung [MD01]).* Im Tagesgeschäft bietet sich eine Durchführung via Batch-Anforderung an, z.B. täglich nach Abschluß der Arbeitszeit mit dem Verarbeitungsschlüssel NETPL.

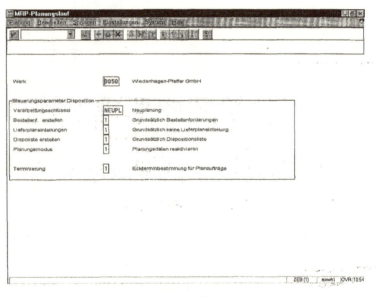

Abb. 26: Aufruf des Planungslaufs

Über *Einstellungen → Sichern* können die festgelegten Erstellungskennzeichen für die folgenden Sitzungen gespeichert werden. Am Ende des Planungslaufs zeigt das System je nach Einstellung im IMG das Laufzeitprotokoll an (vgl. Abb. 27) und speichert die Ergebnisse ab.

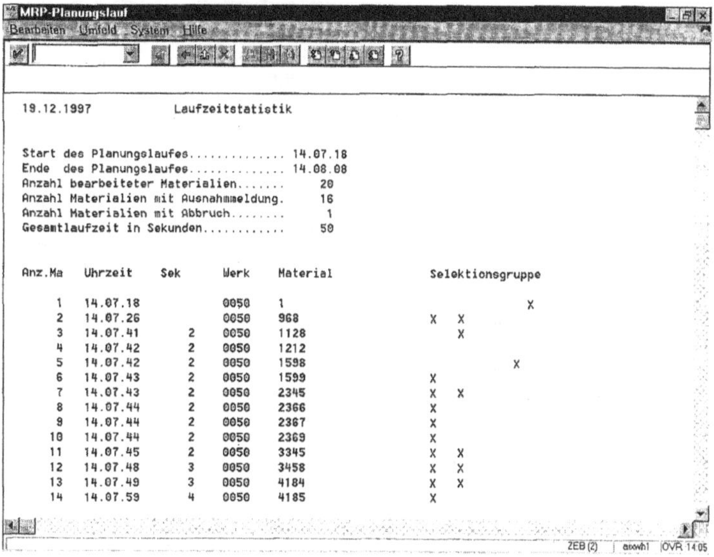

Abb. 27: Anzeige des Laufzeitprotokolls[228]

Die vorgegebenen Auswertungsmöglichkeiten der Planungsergebnisse sind begrenzt. Die Dispositionsliste *Druckliste* ist aufgrund des zu hohen Informationsgehalts für die Fachabteilung unübersichtlich. Ein wichtiges Werkzeug stellt die *Sammelanzeige* dar, über die in die *Detailanzeige* weiterverzweigt werden kann. Abb. 28 zeigt den Ausgangsbildschirm mit den Selektionskriterien (*Logistik → Materialwirtschaft → Mat.Disposition → Bedarfsplanung; Auswertungen → Dispositionsliste → Sammelanzeige [MD06]*).

---

[228] Die Kreuze in der Spalte „Selektionsgruppe" entsprechen, gelesen von links nach rechts, den Ausnahmemeldungen der Kategorien 1 bis 8.

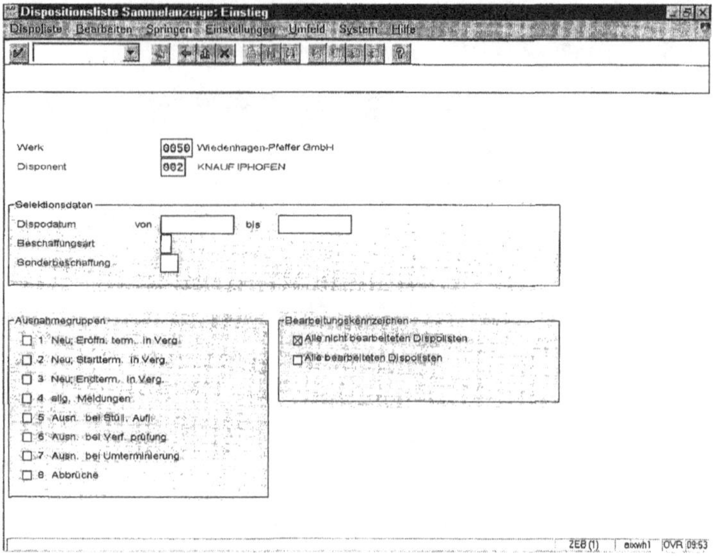

Abb. 28: Selektionskriterien bei der Sammelanzeige

Über den *Verarbeitungsschlüssel* (vgl. Abb. 26) hat der Disponent den Umfang des Planungslaufs im Normalfall bereits eingegrenzt. Die Anzeige der Planungsergebnisse kann u.a. durch folgende Selektionskriterien übersichtlich gestaltet werden:

⇒ Disponent

Dieses Feld dient nun zur übersichtlichen Abgrenzung auf Lieferanten, die im Rahmen einer wirtschaftlichen Tourenplanung angefahren werden sollen. Über eine Dropdown-Liste kann die Disponentennummer des Lieferanten ausgewählt werden.

⇒ Dispodatum

Mit der Datumsabgrenzung kann der Planungshorizont eingegrenzt werden. Bei Planungsläufen im Modus NETPL ist dies jedoch kaum nötig.

⇒ Ausnahmegruppen

Die Anzeige kann auf Waren beschränkt werden, bei denen Ausnahmemeldungen aufgetreten sind.

Bei Markierung der Ausnahmegruppen von "1" bis "3" werden nur Artikel angezeigt, die das System neu eingeplant hat. Neben diesen Ausnahmegruppen ist die Kategorie „8 - Abbrüche" für die Fachabteilung relevant. Zu Kontrollzwecken sollte das Planungsergebnis in regelmäßigen Abständen im Hinblick auf dieses Kriterium überprüft werden. Ein Beispiel für eine Abbruchmeldung ist der Hinweis, daß die Prognoserechnung nicht durchgeführt werden konnte.

⇒ **Bearbeitungskennzeichen**

Innerhalb der Sammelanzeige (vgl. Abb. 29) ist es möglich, für markierte Materialien Bearbeitungskennzeichen zu setzen (*Bearbeiten* → *Bearbeitungskennzeichen* → *Setzen*). Im Ausgangsbild der *Sammelanzeige* (vgl. Abb. 28) können durch Markierung von "Alle nicht bearbeiteten Dispolisten" bereits bearbeitete Artikel bei einer erneuten Anzeige des Planungsergebnisses ausgeblendet werden.

Nach entsprechender Eingrenzung erscheint die in Abb. 29 beispielhaft dargestellte *Sammelanzeige*.

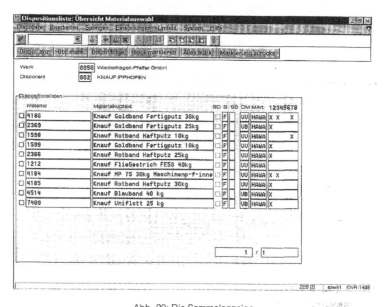

Abb. 29: Die Sammelanzeige

Die *Sammelanzeige* gibt dem Disponenten einen ersten Überblick über den Umfang der selektierten Materialien. Neben der Artikelnummer und der Materialbezeichnung wird u.a. die Dispositionsmethode (*DM*) und ggf. Kategorien erstellter Ausnahmemeldungen angezeigt. Durch Markierung eines Artikels und Auswahl von *Dispoelement anzeigen* in der Drucktastenleiste verzweigt der Disponent in die *Einzelanzeige*. Abb. 30 und Abb. 31 zeigen diese Ansicht in der Ausprägung *Großer Kopf*. Ein wesentlicher Unterschied zur *Aktuellen Bedarfs-/ Bestandsliste* besteht darin, daß die Daten der Dispositionslisten der Aktualität des Planungslaufs entsprechen. Änderungen, die nach Abschluß der Bedarfsplanung eingetreten sind, bleiben unberücksichtigt.

Im Belegkopf wird dem Disponenten u.a. der Lagerbestand (Werksbestand + Sicherheitsbestand) und bei der Bestellpunktdisposition der Meldebestand angezeigt. Der Belegfuß zeigt die einzelnen Dispositionselemente des selektierten Materials.

Nachfolgend werden die Planungsergebnisse der beiden Dispositionsverfahren jeweils an einem Beispiel aufgezeigt. Der Informationsgehalt kann durch einen Vergleich mit dem Zustand ohne DV-Unterstützung beurteilt werden (vgl. Abb. 6: Aktuelle Bedarfs-/ Bestandsliste, S. 27). Abschließend wird vorgestellt, wie der Disponent mehrere Bestellanforderungen gleichzeitig in eine Bestellung umsetzen kann.

Beispiel 1: Planungsergebnis bei stochastischer Disposition

Abb. 30 zeigt beispielhaft das Dispositionsergebnis bei stochastischer Disposition und dem Losgrößenverfahren "Exakte Losgröße" (EX). Die Anzahl der Prognoseperioden wurde auf drei gesetzt. Über ein Aufteilungskennzeichen teilt das System den Bedarf im ersten Monat wöchentlich auf, für die folgenden Perioden bleibt er monatlich. Für die aktuelle Periode 12-97 wurde manuell im MS ein Prognosebedarf von 100 festgelegt.

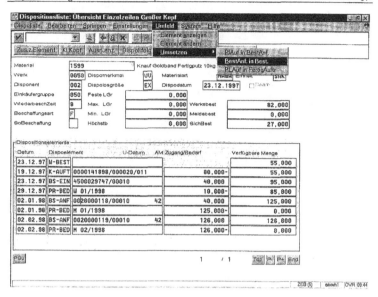

Abb. 30: Detailanzeige bei stochastischer Disposition

Die Angaben im Belegfuß begründen sich wie folgt:

⇒ **W-BEST (Verfügbarer Werksbestand)**

Der verfügbare Werksbestand entspricht dem Werksbestand abzüglich des Sicherheitsbestands (82-27=55).

⇒ **K-AUFT (Kundenauftrag)**

Bei stochastischer Disposition betrachtet das System Aufträge oder Lieferungen nicht als Abgänge. In diesem Beispiel mindert der noch offene Kundenauftrag (80) die verfügbare Menge (55) folglich nicht.

Es sei darauf hingewiesen, daß die Richtlinien, wie eine Verfügbarkeitsprüfung von Material beim Anlegen eines Kundenauftrags erfolgen soll, nicht im Modul MM, sondern im Modul SD festgelegt werden. Es ist dabei insbesondere zu entscheiden, ob der Sicherheitsbestand für Kundenaufträge freigegeben werden soll.

⇒ **BS-EIN (Bestellung)**

Die Bestellung erhöht die verfügbare Menge (55+40=95).

⇒ PR-BED (Prognostizierter Bedarf)

Das Element PR-BED zeigt den prognostizierten Bruttobedarf der Periode bzw. Aufteilungsperiode. Da die Prognose am Montag, den 23. Dezember 1997, durchgeführt wurde, kann die Aufteilung des Prognosebedarfs anschaulich erklärt werden:

Bei wöchentlicher Aufteilung des Prognosebedarfs (100) im ersten Monat und bei Festlegung des Bedarfstermins auf den Periodenanfang stellt das System den ersten Bedarf für den 29.12.1997 (Montag) fest. Dieser Bedarf gilt für die restlichen drei Tage des Monats Dezember. Die Bezeichnung entspricht der 1. Kalenderwoche des Jahres 1998 (W 01/1998). Da das System bei monatlichen Periodenkennzeichen grundsätzlich 30 Tage veranschlagt, ergibt sich folgende Rechnung: (100/30)*3≈10.

Der Bedarf für den Dezember 1997 kann durch den verfügbaren Bestand gedeckt werden (95-10=85). Für den Januar 1998 (M 01/1998), bei dem der gesamte Monatsbedarf am Periodenanfang auftritt, ist dies nicht der Fall. Das System erstellt eine BANF, deren Nummer mit einer "2" beginnt.

⇒ BS-ANF (Bestellanforderung)

Bei dem Verfahren der exakten Losgröße wird genau soviel bestellt, wie in der betreffenden Periode benötigt wird (Nettobedarf). Für den Januar 1998 ist ein Nettobedarf in Höhe von 125-85=40 gegeben. Der ausgewiesene Termin der BANF entspricht dem Bedarfs-/Dispositionstermin. Die verfügbare Menge ist mit diesem Tag 0.

Der Disponent kann eine BANF markieren und über *Umfeld → Umsetzen → Bestellanforderung in Bestellung* direkt in eine Bestellung umwandeln. Liegt ein entsprechender Orderbucheintrag vor, beschränkt sich seine Tätigkeit auf die Kontrolle und Anpassung der Bestellmenge und des Datums der Warenabholung.

Beispiel 2: Planungsergebnis bei der Bestellpunktdisposition

Die Abb. 31 zeigt beispielhaft das Dispositionsergebnis bei manueller Bestellpunktdisposition und dem Losgrößenverfahren „Auffüllen bis zum Höchstbestand" (HB).

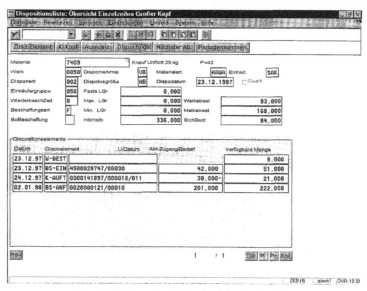

Abb. 31: Detailanzeige bei der Bestellpunktdisposition

Die ausgewiesene Menge des Bestellvorschlags errechnet sich wie folgt:

	Höchstbestand	336
./.	Verfügbarer Werksbestand (W-BEST)	9
./.	Bestellbestand (BS-EIN)	42
./.	Sicherheitsbestand	84
=	Vorgeschlagene Bestellmenge	201

Der Kundenauftrag (K-AUFT) mindert zwar im Gegensatz zur stochastischen Disposition die verfügbare Menge, dieser Umstand wird aber nicht bei der Losgrößenberechnung berücksichtigt.[229]

Sammelbestellung

Eine im Rahmen des Planungslaufs erstellte BANF ist der Bestellvorschlag für ein einzelnes Material. Eine Bestellung beinhaltet aber meist eine Vielzahl an

---

[229] Der ausgewiesene Liefertermin der BANF entspricht in diesem Beispiel ebenfalls dem Periodenanfang. Im Gegensatz zur stochastischen Disposition ist dies durch die erläuterte Vorwärtsterminierung jedoch nicht zwingend.

Materialien. Setzt der Disponent die Bestellanforderungen in eine Bestellung aus dem Umfeld der *Detailanzeige* um, muß er jede einzelne BANF markieren und nacheinander in eine (dann bestehende) Bestellung einfügen.

Die Umsetzung mehrerer Bestellanforderungen in eine Bestellung erfolgt wesentlich effizienter bei einer gezielten Selektion der generierten Bestellanforderungen. Abb. 32 zeigt einen geeigneten Ausgangsbildschirm (*Logistik* → *Materialwirtschaft* → *Einkauf; Banf* → *Folgefunktionen* → *Zuordnen und Bearbeiten [ME57]*):

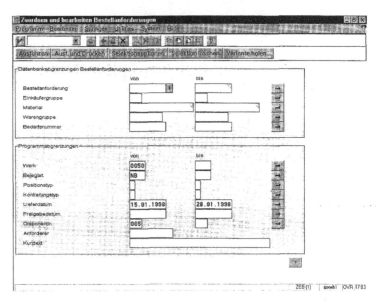

Abb. 32: Selektionskriterien für die Suche nach Bestellanforderungen

Zweckmäßige Selektionskriterien bei der Suche nach Bestellanforderungen sind v.a. Disponent, Lieferdatum und Freigabedatum. Abb. 33 zeigt die vom System entsprechend der Einschränkung gefundenen Bestellanforderungen. Über Orderbucheinträge wurden diese den betreffenden Einkaufsinfosätzen zugeordnet.

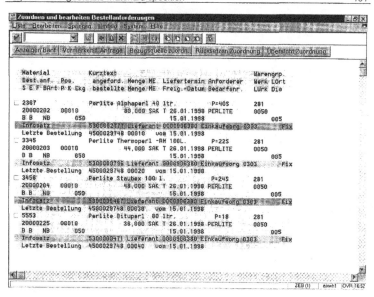

Abb. 33: Umsetzen von mehreren Bestellanforderungen in eine Bestellung

Über den Schalter *Übersicht Zuordnung* in der Drucktastenleiste können markierte Bestellanforderungen in einem Schritt in eine Bestellung übernommen werden.

Weiterer Vorteil dieser Sicht gegenüber der *Sammelanzeige* ist die übersichtliche Darstellung der vorgeschlagenen Bestellmenge sowie des Liefer- und Freigabedatums.

4.6 Probleme und Lösungsansätze

Die folgenden Ausführungen behandeln die während der Projektdurchführung aufgetretenen Hauptprobleme und deren Lösungsansätze.

Stammdatenkontrolle per ABAP/4-Report

Mit Hilfe der Materialgruppenprofile konnte die Stammdatenpflege bereits vereinfacht werden. Die Profile geben aber keinen Aufschluß auf die in den Materialstammsätzen individuell eingestellten Parameter bzw. über die durch das System fortgeschriebenen Prognoseergebnisse. Eine zufriedenstellende Anwendung der DV-gestützten Materialdisposition verlangt vom Disponenten, daß er einen weitgehenden Überblick über diese Daten behält und regelmäßig Feinjustierungen vornimmt. Für jedes Material ist zu kontrollieren:

- welche Dispositions- und Losgrößenverfahren zugeordnet sind.
- welche Bestandshöhen festgelegt sind (z.B. Melde- oder Höchstbestand).
- ob Modifizierungen an der Losgröße vorgenommen werden (z.B. Rundungswert, Mindestlosgröße).
- welche Ergebnisse das Prognoseprogramm ermittelt hat (Prognosemodell, MAD, Sicherheitsbestand etc.).

Das System bietet zu diesem Zweck keine Hilfestellung an. Die Kontrolle der Daten über einen Aufruf des Stammsatzes ist in Anbetracht der Menge an Materialien zu umständlich und zeitaufwendig, zumal die Daten über mehrere Sichten verstreut sind. Als Lösung bietet sich die individuelle Erstellung eines ABAP/4-Reports an. Dieser soll die für den Disponenten relevanten Daten in aufbereiteter und übersichtlicher Form darstellen. Ein Report kann entweder über das Query-Werkzeug menügeführt erstellt oder mit Hilfe des ABAP/4-Editors programmiert werden. Der Autor entschied sich für die zweite Variante. Als Vorteil wird angesehen, daß Änderungen bei den Datenfeldern sowie Designanpassungen leichter und komfortabler durchführbar sind.

Ein Report wird über den Pfad *Werkzeuge → Case → Entwicklung → Programmpflege → ABAP/4 Entwicklung [SE38]* angelegt. Zunächst sind Programmattribute festzulegen, wie Programmtitel, Typ und Anwendungsbereich (vgl. Abb. 34). Zusätzlich besteht die Möglichkeit, das Programm einer logischen Datenbank zuzuordnen. Unter dieser ist eine logische Sichtweise auf die Hierarchie zwischen Daten (Objekten) in unterschiedlichen Tabellen zu verstehen.[230] Das Programm für die Kontrolle der Stammdaten (*ZZRK020*) wird der in der Standardauslieferung enthaltenen logischen Datenbank *MSM* zugeordnet. Der Vorteil bei der Programmierung besteht in einem vereinfachten Zugriff auf die benötigten Datenfelder. Der Programmcode befindet sich in kommentierter Form im Anhang.

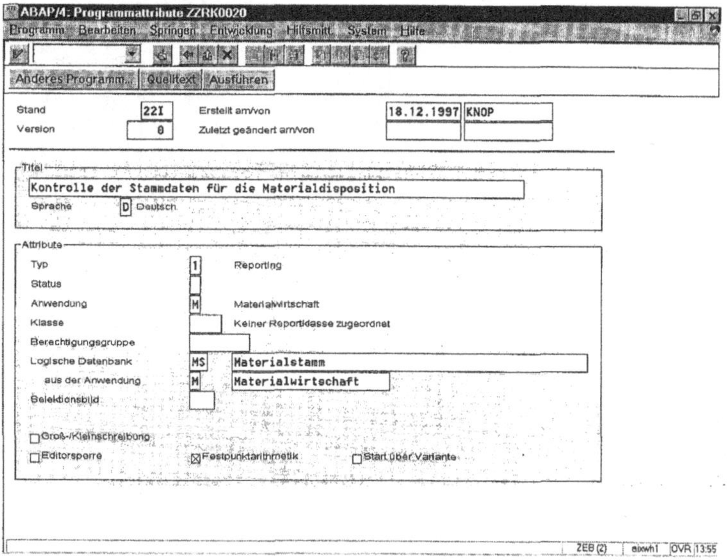

Abb. 34: Festlegen der Attribute eines ABAP/4-Programms

Die folgende Seite zeigt einen Testausdruck des Reports. Eine Seite (Abschnitt) führt jeweils alle Materialien auf, die einem bestimmten Disponenten (Werk eines Lieferanten) zugeordnet sind, d.h. auch Materialien, die weiterhin manuell disponiert werden. Die Reihenfolge der Sortierung ist: ABC-Kennzeichen (ABC), Dispositionsmethode (DM) und Losgrößenverfahren (LGV). Noch nicht genannte Abkürzungen sind:

Mat-Nr	Materialnummer	Rund.	Rundungswert
L-Zeit	Planlieferzeit im MS	PM	Prognosemodell
MinBst	Mindestbestand	TS	Tracking-Signal

---

[230] Vgl. SAP (1997b), S. 2-25

15.01.1998   Kontrolle der Materialstammdaten für die Materialdisposition   1

Disponent: 005 PERLITE
Werk: 0050

Mat-Nr	Kurzbezeichnung	ME	ABC	DM	L-Zeit	SB	MB	LGV	FX	HB	MinBst	Rund.	PM	LBG	MAD	TS
613	Perlite Isoself 80 ltr. P=18S	SAX	A	VV	8	200	0	EK	0	0	54	18	T	94	192	0,11
3458	Perlite Isoself 100 ltr. P=24S	SAX	A	VV	8	76	0	EK	0	0	72	24	X	94	73	0,39
968	Perlite Nivoperl 80 L. P=18S	SAX	A	VV	8	59	0	EK	0	0	54	18	D	94	57	1,15
5596	Perlite Bituperl 100 ltr. P=22S	SAX	B	VV	8	33	0	EK	0	0	66	22	D	95	30	0,55
2345	Perlite Markolit 40ltr.weiß Platzmarkier	SAX	C	ND	8	0	0		0	0	0	0			0	0,00
6515	Perlite Fasoperl TSN 15/13 120x60cm P=10	STK	C	ND	8	0	0		0	0	0	0			0	0,00
5553	Perlite Bituperl 80 ltr. P=18	SAX	C	VB	8	0	18	FX	36	0	0	0			0	0,00
3345	Perlite Thermoperl -RM 100l. P=22S	SAX	C	VB	8	0	22	FX	44	80	0	0			0	0,00
5552	Perlite Fasoperl TS 12/11mm 1000x625mm	STK	C	VB	8	20	40	HB	0	80	0	40			0	0,00
5551	Perlite Fasoperl A8 1x1,2M 8mm P=250S	STK	C	VB	8	100	250	HB	0	750	0	250			0	0,00
1128	Perlite P=M(Mörtel)301 Der Leichte P=40S	SAX	C	VB	8	160	240	HB	0	480	0	40			0	0,00
3456	Perlite Staubex 100 l. P=24S	SAX	C	VB	8	24	48	HB	0	120	0	24			0	0,00
2367	Perlite Alphaperl 40 ltr. P=40S	SAX	C	VB	8	40	80	HB	0	120	0	40			0	0,00

Änderung des Periodenkennzeichens

Bei Wiedenhagen bietet sich für Materialien mit vielen, regelmäßigen Warenabgängen ein kleineres Prognoseintervall an. Eine Umstellung des Feldes
Periodenkennzeichen von „M – Monatlich" auf „W - Wöchentlich" bedeutet z.B.
beim Saisonmodell, daß statt 12 Saisonkoeffizienten 52 berechnet werden. Das
technische Problem besteht darin, daß durch die geänderte Kumulierung alle
bisherigen Verbrauchszahlen im MS ausgeblendet und bei Prognoserechnungen nicht herangezogen werden.[231] R/3 beginnt erst ab der aktuellen Periode
mit einer wöchentlichen Abspeicherung. Da ohne ausreichende Verbrauchszahlen Prognosen nicht möglich sind, müssen die historischen Werte gesichert,
auf Wochenbasis umgerechnet und in den MS eingefügt werden. Zwei
Vorgehensweisen bieten sich hierfür an:

Eine genaue Lösung des Problems bietet der Entwurf eines ABAP/4-
Programms, welches die im System gespeicherten Warenausgangsbelege
einliest, eine Kumulierung auf Wochenbasis durchführt und die verdichteten
Daten in einer Datei speichert.[232] Die kumulierten Daten dieser Datei werden
anschließend über ein Batch-Input-Programm[233] in den MS eingelesen.

Nachteile dieser Vorgehensweise bestehen in der hohen Ressourcenbean-
spruchung des Systems sowie durch den Aufwand beim Entwurf des Batch-
Input-Programms. Nach Aussage der SAP AG steht im Auslieferungsumfang
kein Standardprogramm für einen Batch-Input zur Verfügung.[234] Da bei
Wiedenhagen das Know-how für eine solche Programmierung fehlt, müßte
diese Tätigkeit an das externe DV-Beratungshaus vergeben werden.

Der Autor schlägt deshalb eine einfachere, dafür aber ungenauere Lösung vor.
Bei Materialien, für die eine feinere Unterteilung in Frage kommt, werden die
monatlichen Verbrauchswerte im MS durch vier geteilt und nach einer Umstellung auf das Kennzeichen "W" anschließend manuell in den MS eingegeben.

---

[231] Stellt man die Einstellung auf „ M - Monatlich" zurück, werden die alten Verbrauchsdaten wieder
eingeblendet.
[232] Alternativ dazu könnte man auch eine nachträgliche Umstellung des LIS auf eine wöchentliche
Kumulierung der Abgangsdaten vornehmen und diese Werte anschließend als Grundlage verwenden.
[233] Bei einem Batch-Input (Batch-Data-Communication) erfolgt die Datenerfassung in einer Hintergrundver-
arbeitung, wobei ein Benutzerdialog simuliert wird; vgl. dazu ausführlich SAP (1994b) S. 3-1
[234] Die Anfrage bei der SAP AG über das Online-Service-System bezog sich auf das Release 2.2.

Einblenden von Aufträgen/Lieferungen bei stochastischer Disposition

Bei Wiedenhagen wurden bei der stochastischen Disposition Aufträge und Lieferungen in den Dispositionslisten und in der *aktuellen Bedarfs-/ Bestandsliste* nicht mehr angezeigt. Das Einblenden dieser Elemente erforderte eine Änderung des Systems über Customizing (SD). Die Einteilungstypen der Terminaufträge (TAN) wurden von der Einstellung „CN – Keine Disposition" auf „CP – Plangesteuerte Disposition" umgestellt (*Werkzeuge* → *Customizing* → *Gesamtversion; Einführungsleitfaden* → *Vorgänge; Vertrieb* → *Verkaufsbelege* → *Einteilungstypen definieren und zuordnen; Zuordnen [VOV5]*). Ein Einteilungstyp dient zur individuellen Steuerung von Positionstypen bezüglich der Bestandsführung, Disposition und Verfügbarkeitsprüfung.

Probleme durch die Interpretation des Feldes Disponent

Die Interpretation des Feldes *Disponent* als Lieferwerk eines Herstellers ist keine "optimale" Lösung. Zusammengefaßt lassen sich im wesentlichen folgende Vor- und Nachteile dieser Vorgehensweise bei Wiedenhagen festhalten:

Vorteile	Nachteile
Einfache Stammdatenpflege	Anlegen/Ändern eines Disponenten nur über Customizing möglich
Übersichtliche Kontrolle der Stammdaten (Report)	Keine Möglichkeit der Mehrfachzuordnung zu einem Material
Sehr übersichtliche Dispositionslisten; dadurch verbesserte Koordination mit der Tourenplanung	Eingabe eines *Disponenten* im Umfeld der Sammelanzeige zwingend, dadurch keine Ansicht des Planungsergebnisses bezogen auf das gesamte Werk möglich
Umsetzung mehrerer Bestellanforderungen in eine Bestellung sehr komfortabel	

Man ist bisher der Ansicht, daß die Vorteile die Nachteile aufwiegen. Nach Aussage des externen Beraters ist in der Version 3, auf die bei Wiedenhagen derzeit umgestellt wird, das Feld *Disponent* standardmäßig als Kanneingabe definiert. Entsprechende Änderungen am System sind daher unnötig.

Disposition von Aktionsartikeln

Bei einer Analyse des Verbrauchsverlaufs eines Aktionsartikels läßt sich feststellen, daß dieser i.d.R. zwar beschriebenen Gesetzmäßigkeiten folgt (z.B. Trendverlauf), diese aber überlagert werden von unregelmäßig auftretendem Spitzenbedarf (hervorgerufen durch Werbeaktionen). Konzeptionell ist es daher zweckmäßig, eine Trennung zwischen Normalbedarf und Werbebedarf vorzunehmen.

R/3 orientiert sich bei der Plangesteuerten Disposition ohne Stücklistenauflösung an erfaßten Kundenaufträgen und addiert zusätzlich einen prognostizierten Mehrbedarf.[235] Der Ablauf bei der Ermittlung des zusätzlichen Bedarfs entspricht dem Vorgang bei der stochastischen Disposition. Der Kernpunkt des Problems besteht nach Ansicht des Autors darin, daß R/3 bei der deterministischen Bedarfsrechnung alle vorliegenden Aufträge berücksichtigt und nicht die notwendige konzeptionelle Trennung der Auftragsarten vollzieht. Zusätzlich berücksichtigt das Prognoseprogamm bei der stochastischen Bedarfsrechnung alle historischen Verbrauchswerte und interpretiert Werbeaktionen als salsonale Spitzen. Als Folge wird der Gesamtbedarf i.d.R. zu hoch angesetzt.

Bei Wiedenhagen werden Werbeaufträge im System nicht als eigene Auftragsart abgebildet, sie werden von den Baumärkten auch nicht immer als solche gekennzeichnet. Sofern in einem Kundenauftrag Werbeware enthalten ist, wird dies bei der Auftragserfassung mit einem höheren Wert im Feld *Lieferpriorität* (Übersicht „Versand" im Terminauftrag) kenntlich gemacht. Die Tourenplanung berücksichtigt vorrangig Aufträge mit erhöter Lieferpriorität.

Die DV-gestützte Materialdisposition von Aktionsartikeln ist mit umfangreichen Umstellungen und hohen Kosten verbunden. Bei Wiedenhagen wird aus diesen Gründen momentan weiterhin eine manuelle Disposition vorgezogen. Nach Aussage des externen Beraters bietet die aktuelle Version des R/3-Systems in diesem Bereich einen erweiterten Funktionsumfang.

---

[235] vgl. hierzu u.a. SAP (1994a), Dispositions- und Losgrößenverfahren → Einleitung zu Dispositions- und Losgrößenverfahren

4.7   Verfahrensoptimierung und Erfolgskontrolle

Die Projektziele konnten überwiegend eingehalten werden (das Terminziel wurde leicht überschritten, das Kostenziel unterschritten), mit der manuellen Bestellpunktdisposition ist der Disponent zufrieden. Die Anwendung des Prognoseprogramms, die zu seiner Arbeitsentlastung führen soll, erfordert, daß sich der Disponent in der Anfangsphase sehr intensiv mit dem System beschäftigen muß und daher Unterstützung im Tagesgeschäft benötigt. Das System erstellt z.b. zahlreiche Ausnahme- und Fehlermeldungen, die nicht dokumentiert sind und deren Relevanz jeweils überprüft werden muß. Erst nach einer Eingewöhnungsphase wird sich zeigen, welche Verbesserungsmöglichkeiten wünschenswert sind. In den Bereichen des IMG, in denen bisher die Standardeinstellungen übernommen wurden, gibt es noch Spielraum für Anpassungen. Ab dem Release 3 stehen zahlreiche neue Optionen (z.B. eine automatische Neuinitialisierung des Prognosemodells nach einem Strukturbruch) zur Verfügung. Als Beispiele für mögliche Optimierungen sind zu nennen:

- Ausführung von Prognoseprogramm und Planungslauf über eine Batch-Anforderung.
- Ausblenden von für Wiedenhagen nicht relevanten Ausnahmemeldungen.
- Definition von individuellen Periodenrastern für die Dispositionslisten.
- Ermittlung der für Wiedenhagen relevanten Beschaffungskosten (insbesondere Lagerhaltungskostensatz) und Nutzung von optimierenden Losgrößenverfahren.

Die Qualität der Materialdisposition wird darüber hinaus steigen, wenn

- ein auf die Bedürfnisse des Unternehmens zugeschnittenes LIS eingerichtet wird (z.B. wöchentliche Kumulierung der Abgangsdaten),
- die Stammdatenqualität allgemein zunimmt (insbesondere Kennzeichen *Statistikgruppe*),
- und die Bestandsdaten im System zuverlässiger werden, z.B. durch Stichprobeninventuren.

Eine Kontrolle der Wirksamkeit der DV-gestützten Materialdisposition kann mit Hilfe des LIS durchgeführt werden:

Anhand des Bestandsinformationssystems sollte die Bestandsentwicklung wesentlicher Materialien verfolgt werden. Hier ist insbesondere die Umschlagshäufigkeit (vgl. Erläuterung auf S. 50) der A-Materialien zu beobachten. Es ist zu berücksichtigen, daß diese Meßzahl kein allgemeingültiger Indikator der Rentabilität ist. Jedes Material ist gesondert zu betrachten. Zur Erläuterung dienen die in den folgenden Abbildungen dargestellten Beispiele (UH = Umschlagshäufigkeit, BewBest = Bewerteter Bestand, WertMiBestand = Wert des mittleren Bestands, Gesamtvbrwert = Gesamtverbrauchswert). Abb. 35 zeigt den Artikel "Brikett 25kg", welcher mit Einkaufsvorteilen bereits im Sommer für den Absatz im Winter beschafft wurde und deshalb eine geringe Umschlagshäufigkeit aufweist (im Jahr 1997: 2,54). Der in Abb. 36 dargestellte Artikel weist keine saisonalen Einkaufsvorteile auf, die Umschlagshäufigkeit ist dementsprechend höher (im Jahr 1997: 11,72). Letztendlich muß der Einkauf bei Wiedenhagen die optimale Bestellpolitik festlegen, die Kennzahlen des Systems dienen dabei als nützliche Entscheidungshilfe.

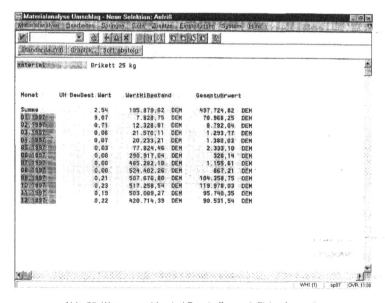

Abb. 35: Warenumschlag bei Beschaffung mit Einkaufsvorteilen

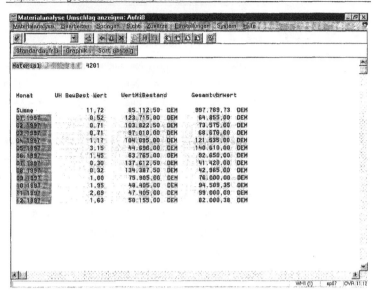

Abb. 36: Warenumschlag bei normaler Vorratsbeschaffung[236]

Die erreichte Lieferbereitschaft läßt sich mit Hilfe des Vertriebsinformationssystems kontrollieren. Dabei kann der Grund für Fehlmengen genau aufgeschlüsselt werden. Die Auftragserfassung und der Versand vergeben im Terminauftrag (Übersicht "Absagegrund") für jede nicht gelieferte Artikelposition einen Absagegrund, z.B. "005 - Lkw überladen" oder "008 - Ware nicht an Lager".

Wichtiger Nebeneffekt des Projekts ist die Sensibilisierung der Geschäftsleitung bezüglich Umfang und Rentabilität des angebotenen Sortiments. Die Verbrauchsstatistiken dienen als Entscheidungshilfe für die Straffung der Angebotspalette und führen damit zur Komplexitätsreduktion der innerbetrieblichen Verwaltungsabläufe. Lagerhüter werden erkannt und können abgestoßen werden. Sofern Artikel gar nicht mehr aktiv geführt werden und auch nicht auf Lager sind, sind sie aus dem System zu löschen.

---

[236] Der Name des Artikels wurde auf Wunsch der Geschäftsleitung nicht genannt.

5   Schulungsbericht

Die Einführung von SAP R/3 wurde von den Mitarbeitern als eine neue, komplexe Technologie mit hohem Abstraktionsgrad empfunden, die sich dem Verständnis des Nichtfachmanns verschließt. Die Probleme dieser Erneuerung führten anfangs dazu, das alte System zu verteidigen und das neue in Frage zu stellen.

Da die in früheren Abläufen auf- und ausgebauten Kompetenzen ihren Stellenwert verloren haben, war es im Vorfeld der Einführung und der Schulungsmaßnahmen entscheidend, die Mitarbeiter dauerhaft für den Wandel zu gewinnen, sie zu motivieren die gewohnten Arbeitsmuster abzulegen und eine offene Haltung anzunehmen. Für jeden Mitarbeiter war insbesondere die Stellenbeschreibung neu zu definieren, damit seine Rolle und Kompetenz im Unternehmen von ihm selbst als auch von seiner Umgebung verstanden werden kann.

Die Förderung der **Einstellungsveränderung** unter den Mitarbeitern fällt in die Zuständigkeit der Firmenleitung. Aufgrund der im Mittelstand sehr knappen personellen Führungsressourcen erfolgt dies oft in kaum ausreichendem Maße und stellt damit ein wesentliches Problem einer derartigen Neuorientierung dar.

Das R/3-System ermöglicht zwar eine flexible Implementierung neuer sowie Änderung bestehender Geschäftsprozesse, die Anwendung im Tagesgeschäft erfordert allerdings eine strikte Einhaltung der vom System vorgegebenen Regeln. An die Stelle von Improvisation tritt daher verstärkt Organisation. Die Schulung der Mitarbeiter hat bei einem derart hochintegrierten DV-System eine herausragende Bedeutung und wird meist unterschätzt.[237] Dies gilt insbesondere für Unternehmen, die in der Vergangenheit keine eigene DV-Kompetenz ausgebildet haben.

Die **Schulungsmaßnahmen** bei Wiedenhagen lassen sich in vier Phasen einteilen, wobei deren Übergänge fließend verlaufen (vgl. Abb. 37).

---

[237] Vgl. Bartels/Siebeck (1997), S. 267

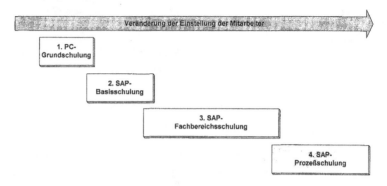

Abb. 37: Phasen der Schulung

PC-Grundschulung / SAP-Basisschulung

Die Einführung des nach dem Client/Server-Prinzip aufgebauten Systems R/3 erforderte zunächst auf der Präsentationsebene den Wechsel von Terminals zu PCs. Im Vorfeld der SAP-Ausbildung wurden die Mitarbeiter mit der neuen Hardware (z.B. Bedienung von Maus, Drucker, Netzwerk) und Software (Windows 95, Word, Novell-Netzwerk etc.) vertraut gemacht.

In der SAP-Basisschulung wurde das System R/3 vorgestellt (SAP AG, Anmelden am System etc.), die Konzepte erläutert (Stammdaten, Organisationsstrukturen etc.) und Basisfunktionen (z.B. Aktuelle Bedarfs-/ Bestandsliste, Verwenden von Matchcodes) nähergebracht.

SAP-Fachbereichsschulung

Für die einzelnen Fachbereiche wurden sog. Skripte erstellt, die die erforderlichen Tätigkeiten im Tagesgeschäft abbilden (z.B. Kundenauftrag anlegen) und als Referenz bei Anfragen und Problemen dienen. Im Skript findet der Anwender exakt die Schritte in der Reihenfolge wieder, in der er sie am System durchführen muß (Ausgangsbild aufrufen, Kundennummer eingeben, Wunschlieferdatum eingeben etc.).

Im Bereich der DV-gestützten Materialdisposition wurden weitergehende Unterlagen erstellt. Diese dienen als Leitfaden für den Typ Fragestellung "Was ist zu tun, wenn z.B.:

- ein Baumarkt einen Artikel auslistet oder in Werbeaktionen aufnimmt?

- das System die Fehlermeldung erstellt "Prognose konnte nicht durchgeführt werden, Grundwert wird Null!"?
- der Sicherheitsbestand vom System zu hoch angesetzt wird?"

Die Auswirkung unterschiedlicher Ausprägungen der Glättungsfaktoren und Saisonkoeffizienten wurden mit Hilfe einer Tabellenkalkulation graphisch simuliert. Die verwendeten mathematischen Verfahren ließen sich so anschaulich darstellen. Der Disponent ist dabei nicht mit der detaillierten Mathematik zu konfrontieren, er sollte vielmehr prinzipiell die Werkzeuge verstehen, die es ihm ermöglichen, die Ergebnisse des Systems zu beeinflussen. Je besser er die Schritte des Systems nachvollziehen kann, desto höher wird sein Vertrauen in den automatisch erstellten Bestellvorschlag sein. Das notwendige Vertrauen in das System ist im Hinblick auf hohe Konventionalstrafen bei Fehlmengen nicht zu unterschätzen.

SAP-Prozeßschulung

Die Darstellung des Geschäftsprozesses Warenbeschaffung hat anschaulich gezeigt, daß Abläufe in einzelnen Abteilungen nicht isoliert, sondern im Kontext betrachtet werden müssen. Um das Innovationspotential der Mitarbeiter zu erschließen, schlägt der Autor eine prozeßorientierte Schulung vor. Dabei soll dem Mitarbeiter die Tragweite und die Konsequenz seiner Tätigkeit außerhalb seines Fachbereichs vermittelt werden.

Konkret stellt sich der Autor vor, alle Mitarbeiter einer Niederlassung in einem Schulungsraum zu versammeln und anhand von Fallbeispielen die Kernprozesse des Unternehmens (insbesondere Warenbeschaffung, Warendistribution und Reklamationsbearbeitung) im Testsystem vorzuführen und durchzusprechen. Am Beispiel Warenbeschaffung heißt dies, von der Pflege der Einkaufsinfosätze über die Materialdisposition bis hin zum Ausgleich der Rechnung in der Kreditorenbuchhaltung alle wesentlichen Arbeitsschritte aufzuführen und die Konsequenzen eventueller Fehlbedienung (z.B. falsche Mengeneinheit bei der Erfassung des Wareneingangs) deutlich zu machen.

Bisher wurde im Hinblick auf zu erwartende hohe Opportunitätskosten (Kosten des Geschäftsausfalls, Schulungskosten etc.) eine derartige Schulung gescheut, im Vorfeld weiterer Ablaufoptimierungen (ADC, ECR, EDI, etc.) sollte dies nach Ansicht des Autors jedoch kein Hinderungsgrund sein.

6   Ausblick

Wiedenhagen hat die Herausforderungen des verschärften Wettbewerbs im Baustoffhandel verstanden und angenommen. Neben den beschriebenen Optimierungsansätzen stehen zahlreiche weitere Projekte an. Die Einführung der Module Personalwirtschaft (HR) und Controlling (CO) steht in der Vorbereitung. Erforderliche Maßnahmen zur Umstellung des Rechnungswesens auf eine Einheitswährung werden zusammengestellt. Im Bereich Warendistribution soll ein DV-gestütztes Tourenplanungssystem eingeführt werden, welches vorzugsweise Versand und Beschaffung gemeinsam disponiert. Die wachsende Bedeutung des Internets für kommerzielle Zwecke (z.B. zum Direktvertrieb oder zum Ersatz von EDI) wird auch für Wiedenhagen mittelfristig eine Rolle spielen.

Obwohl das SAP-System insgesamt einen hohen Abdeckungsgrad erreicht, zeigt sich gerade bei speziellen Anforderungen im Logistikbereich, daß auf die Einbindung von Fremdanwendungen nicht verzichtet werden kann. Dies potenziert die Bedeutung, die der Ausbildung einer eigenen DV-Kompetenz beizumessen ist. Das Verständnis von DV als bloße, externe Dienstleistung ist angesichts der umfangreichen Herausforderungen und der hohen Tagessätze von derzeit mindestens DEM 1.800 pro Tag für einen erfahrenen SAP-Berater[238] auch wirtschaftlich zu überdenken. Auf umfangreiche Ist-Analysen durch Berater sollte verzichtet, Testabläufe können nach Absprache selbst durchgeführt werden. Im Fall der Materialdisposition umfaßte die Testphase ca. zwei Drittel der bisherigen Projektzeit. Bei der Dokumentation der Geschäftsprozesse hat sich auch gezeigt, daß oftmals mit Hilfe nur kleiner Verbesserungen (z.B. Umstellung eines Feldes von Mußeingabe auf Kanneingabe) der Ablauf wesentlich effizienter gestaltet werden kann. Solche kleinen, kontinuierlichen Verbesserungsmaßnahmen sind aber oftmals nicht Gegenstand groß angelegter Projekte.

Bisher hat die SAP AG mit R/3 im Marktsegment Mittelstand keinen durchschlagenden Erfolg erzielt,[239] dies wird sich nach Ansicht des Autors ändern. Wiedenhagen ist jedenfalls nach einer Eingewöhnungsphase davon überzeugt, daß der Erwerb von R/3 die strategisch richtige Weichenstellung war.

---

[238] Vgl. Computerwoche (1997), S. 13
[239] Vgl. ebenda

VI. ANHANG

Der Anhang beinhaltet den Sourcecode des Reports *ZZRK020* (vgl. S. 103):

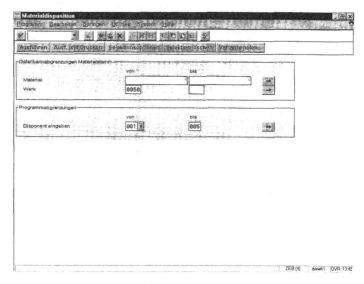

Abb. 38: Selektionskriterien des Reports ZZRK020

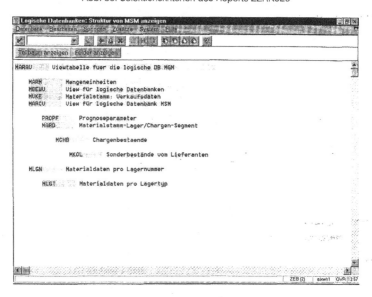

Abb. 39: Struktur der logischen Datenbank MSM

```
REPORT ZZRK0020 LINE-SIZE 170.        " Reportname und Seitenlayout

**********************************************************************
***      Stammdatenkontrolle im Rahmen der Materialdisposition    ***
***                                                               ***
***              Autor:      Robert Knop                          ***
***          Erstellt am:    18.12.1997                           ***
***        Letzte Änderung:  14.01.1998                           ***
***                                                               ***
***           SAP-Version:   R/3 2.2 I                            ***
***    Logische Datenbank:   MSM                                  ***
***        Programm - Typ:   1 Reporting                          ***
***           Anwendung:     M Materialwirtschaft                 ***
***        Programmzweck:    Übersicht über individuell fest-     ***
***                          gelegte Steuerungsparameter sowie    ***
***                          vom System ermittelte Prognosedaten  ***
***           Zielgruppe:    Materialdisponent                    ***
**********************************************************************

TABLES: MARAV, MARCV, PROPF, MAKT, T024D.    " Tabellendeklaration

* Das Selektionskriterium "Disponent" wird definiert. Der Zusatz
* OBLIGATORY macht eine Eingabe zwingend. Die Kriterien "Werk"
* und "Material" sind bereits Bestandteil von MSM.

SELECT-OPTIONS DISPO FOR MARCV-DISPO OBLIGATORY.

* Das Hilfsfeld TS dient für die Berechnung des Tracking-Signals.
* Da dieses nicht Bestandteil des MS ist, muß es aus der
* Fehlersumme und dem MAD berechnet werden.

DATA: TS LIKE PROPF-FSUMM,

* Die interne Tabelle ITAB wird generiert. Die Tabelle dient zur
* Zwischenspeicherung der relevanten Stammdaten. Die Gliederung
* am Anfang der Tabelle muß dem späteren Sortierschlüssel
* entsprechen. Zunächst wird Speicherplatz für 100 Datensätze
* reserviert, das System gibt weiteren Speicherplatz dynamisch frei.

BEGIN OF ITAB OCCURS 100,
    DISPO LIKE MARCV-DISPO,      " CHAR  3 Disponent
    MAABC LIKE MARCV-MAABC,      " CHAR  1 ABC-Kennzeichen
    DISMM LIKE MARCV-DISMM,      " CHAR  2 Dispositionsmerkmal
    DISLS LIKE MARCV-DISLS,      " CHAR  2 Losgrößenkennzeichen
    PRMAD LIKE PROPF-PRMAD,      " QUAN  7 MAD
    MATNR LIKE MARCV-MATNR,      " CHAR 18 Materialnummer
    MAKTX LIKE MAKT-MAKTX,       " CHAR 40 Bezeichnung
    WERKS LIKE MARCV-WERKS,      " CHAR  4 Werk
    PLIFZ LIKE MARCV-PLIFZ,      " CHAR  2 Planlieferzeit in Tagen
    MINBE LIKE MARCV-MINBE,      " QUAN  7 Meldebestand
    EISBE LIKE MARCV-EISBE,      " QUAN  7 Sicherheitsbestand
    BSTMI LIKE MARCV-BSTMI,      " QUAN  7 Mindestlosgröße
    BSTFE LIKE MARCV-BSTFE,      " QUAN  7 Feste Losgröße
    BSTRF LIKE MARCV-BSTRF,      " QUAN  7 Rundungswert
```

```
MABST LIKE MARCV-MABST,      " QUAN  7 Höchstbestand
PRMOD LIKE PROPF-PRMOD,      " CHAR  1 Prognosemodell
LGRAD LIKE MARCV-LGRAD,      " DEC   2 Lieferbereitschaftsgrad
FSUMM LIKE PROPF-FSUMM,      " QUAN  7 Fehlersumme
TS    LIKE PROPF-FSUMM,      " QUAN  7 Tracking-Signal
END OF ITAB.
```

```
* Die interne Tabelle ITAB wird gefüllt. Mit MOVE-CORRESPONDING
* werden alle Teilfelder gesucht, die sowohl in den Tabellen
* MARCV und PROPF als auch in der internen Tabelle ITAB vorkommen.
* Für alle Feldpaare wird eine MOVE-Anweisung durchgeführt.
```

```
GET MARCV.
    CHECK DISPO.                 " Prüfen des Disponenten
    MOVE-CORRESPONDING MARCV TO ITAB.

GET PROPF.
    MOVE-CORRESPONDING PROPF TO ITAB.
```

```
* Aufgrund der Struktur der logischen Datenbank MSM muß die
* Tabelle MARCV mit dem Zusatz LATE nochmals durchlaufen werden.
* Es sind auch Felder in ITAB aufzunehmen, die keine
* Prognoseergebnisse enthalten.
```

```
GET MARCV LATE.
    APPEND ITAB.                 " Sätze einfügen

END-OF-SELECTION.                " Ende der GET-Anweisung
```

```
* ITAB wird durchlaufen. Das Tracking-Signal wird für jeden
* Artikel berechnet, sofern der MAD ungleich 0 ist.
* Wird das Prognoseprogramm nicht genutzt(ND bzw. VB), werden aus
* Übersichtlichkeitsgründen nicht relevante Feldinhalte ausgeblendet.
```

```
LOOP AT ITAB.
    IF ITAB-PRMAD NE 0.              " Keine Division durch 0!
      IF ITAB-FSUMM LT 0.
        ITAB-FSUMM = ITAB-FSUMM * ( -1 ). " FS absolut setzen
      ENDIF.
      TS = ITAB-FSUMM / ITAB-PRMAD.
      MOVE TS TO ITAB-TS.
    ENDIF.
```

```
* Ausblenden von nicht relevanten Feldinhalten
```

```
    IF ITAB-DISMM EQ 'ND' OR ITAB-DISMM EQ 'VB'.
      ITAB-PRMOD = SPACE.
      ITAB-LGRAD = SPACE.
      ITAB-PRMAD = SPACE.
      ITAB-TS    = SPACE.
    ENDIF.
    MODIFY ITAB.                 " Änderungen an den Sätzen speichern
ENDLOOP.
```

```
* Die Tabelle ITAB wird sortiert. Sortierreihenfolge:
* Disponent, ABC-Merkmal, Dispositionsverfahren, Losgrößenverfahren

  SORT ITAB BY DISPO MAABC DISMM DISLS.

* Die Ausgabe wird vorbereitet, ITAB wird durchlaufen.

  LOOP AT ITAB.

* MSM enthält nicht alle relevanten Felder. Über eine
* SELECT-Anweisung können diese zur Verfügung gestellt werden.

* 1. Materialtext wird zur Verfügung gestellt.

      SELECT * FROM MAKT WHERE MATNR EQ ITAB-MATNR.
      ENDSELECT.

* 2. Basismengeneinheit wird zur Verfügung gestellt.

      SELECT * FROM MARAV WHERE MATNR EQ ITAB-MATNR.
      ENDSELECT.

* 3. Name des Disponenten wird zur Verfügung gestellt.

  SELECT * FROM T024D WHERE WERKS EQ ITAB-WERKS AND DISPO EQ ITAB-DISPO.
  ENDSELECT.

* Seitenumbruch bei jedem neuen Disponenten durchführen.

      AT NEW DISPO.
        NEW-PAGE.

* Der Seitenkopf wird definiert. Alle weiteren Beschriftungen
* werden über die Funktion Überschriften vorgenommen.

        WRITE:/ 'Disponent:    ',T024D-DISPO, T024D-DSNAM.
        WRITE:/ '     Werk:    ',T024D-WERKS.
      ENDAT.

      AT NEW MAABC.    " Trennlinie nach jedem neuen ABC-Kennzeichen
        ULINE.
      ENDAT.

* Die Feldinhalte werden ausgegeben. Der Zusatz NO-SIGN
* kürzt Inhalte um evtl. Vorzeichen.

      WRITE:/                                   '|',
            (5) ITAB-MATNR,                     '|', " Materialnummer
                MAKT-MAKTX,                     '|', " Kurzbezeichnung
                MARAV-MEINS,                    '|', " Basismengeneinheit
                ITAB-MAABC,                     '|', " ABC-Kennzeichen
                ITAB-DISMM,                     '|', " Dispositionsmethode
                ITAB-PLIFZ NO-SIGN,             '|', " Planlieferzeit
            (8) ITAB-EISBE DECIMALS 0 NO-SIGN,'|', " Sicherheitsbestand
            (9) ITAB-MINBE DECIMALS 0 NO-SIGN,'|', " Meldebestand
```

```
            ITAB-DISLS,                          '|', " Losgrößenv.
       (8)  ITAB-BSTFE DECIMALS 0 NO-SIGN,'|', " Feste Losgröße
       (9)  ITAB-MABST DECIMALS 0 NO-SIGN,'|', " Höchstbestand
       (7)  ITAB-BSTMI DECIMALS 0 NO-SIGN,'|', " Mindestlosgröße
       (5)  ITAB-BSTRF DECIMALS 0 NO-SIGN,'|', " Rundungswert
            ITAB-PRMOD,                          '|', " Prognosemodell
       (2)  ITAB-LGRAD DECIMALS 0 NO-SIGN,'|', " Servicegrad
       (8)  ITAB-PRMAD DECIMALS 0 NO-SIGN,'|', " MAD
       (5)  ITAB-TS DECIMALS 2 NO-SIGN,    '|'. " Tracking-Signal
    AT END OF DISPO.
      ULINE.
    ENDAT.
ENDLOOP.                    " Durchlauf von ITAB beenden
```

VII. LITERATURVERZEICHNIS

ARNOLDS, Hans/ HEEGE, Franz/ TUSSING, Werner (1990): Materialwirtschaft und Einkauf, 7. Auflage, Wiesbaden 1990

BARTELS, Ulrich/ SIEBECK, Christoph (1997): SAP Ausbildung im Wandel, in: Geschäftsprozeßoptimierung mit SAP R/3, 2. Auflage, hrsg. von Wenzel, Paul, Göttingen 1997

BARTH, Klaus (1996): Betriebswirtschaftslehre des Handels, 3. Auflage, Wiesbaden 1996

BBE (Hrsg.) (1997): Präsentation auf der Baustoffhandelskonferenz Bad Homburg, BBE Unternehmensberatung GmbH Köln, o.S., Bad Homburg 21.08.1997

BDB (Hrsg.) (1997): Die Entwicklung des Baustoff-Fachhandels von 1995 auf 1996, in: Auf einen Blick - Geschäftsbericht 1996/97, o.S., hrsg. von Bundesverband deutscher Baustoff-Fachhandel e.V., München 1997

BECKER, Jörg/ SCHÜTTE, Reinhard (1996): Handelsinformationssysteme, Landsberg/Lech 1996

BRANDS, HOLGER (1997): ECR will gekonnt sein, in: Jahrbuch für Logistik, hrsg. von Hossner, Rüdiger, S. 24-28, Mönchengladbach 1997

BRENNER, Walter/ HAMM, Volker (1995): Prinzipien des Business Reengineering, in: Business Reengineering mit Standardsoftware, hrsg. von Brenner, Walter/ Keller, Gerhard, Frankfurt, New York 1995

BÜHNER, Rolf (1994): Betriebswirtschaftliche Organisationslehre, 7. Auflage, München, Wien, Oldenburg 1994

BUNDESVERBAND SPEDITION UND LAGEREI e.V. (Hrsg.) (1997): Jahresbericht 1995/1996, Bonn 1997

BÜNGER, Manfred (1995): Technische Aspekte bei der Einführung von EDI, in: Mehr über EDI und EDIFACT für Fortgeschrittene, hrsg. von DEDIG, Deutsche EDI-Gesellschaft e.V., S. 10-14, Berlin 1995

RITTNER, Sabine (1996): Auf den Spuren des Continuous Replenishment in USA, in: Coorganisation, Internationale Fachzeitschrift für kooperative Logistik und Kommunikation 3/96, hrsg. von J.P. Bachem GmbH, Köln 1996

SAP AG (Hrsg.) (1994a): R/3-System Release 2.2 F: Online-Dokumentation, Ausgangspfad: Materialwirtschaft → Verbrauchsgesteuerte Disposition, Stand April 1994, Walldorf 1994

SAP AG (Hrsg.) (1994b): R/3 Softwarearchitektur - Funktionen im Detail, Walldorf 1994

SAP AG (Hrsg.) (1995): SAP R/3 Einführungsleitfaden Verbrauchsgesteuerte Disposition, Ausgangspfad: Werkzeuge → Customizing → Einführungsleitfaden → Gesamtversion; Materialwirtschaft → Materialdisposition, Release 2.2 I, Walldorf 1995

SAP AG (Hrsg.) (1996a): Materialwirtschaft - Funktionen im Detail (MM), Walldorf 1996

SAP AG (Hrsg.) (1996b): Personenkonten - Funktionen im Detail (FI), Walldorf 1996

SAP AG (Hrsg.) (1997a): R/3-System Release 3.0 H: Online-Dokumentation, Ausgangspfad: Materialwirtschaft → Verbrauchsgesteuerte Disposition, Stand August 1997, Walldorf 1997

SAP AG (Hrsg.) (1997b): ABAP/4 Development Workbench - Funktionen im Detail, Walldorf 1997

SAP AG (Hrsg.) (1997c): Das Vertriebssystem der SAP - Funktionen im Detail, Walldorf 1997

SCHEER, August-Wilhelm (1996): Modellunterstützung für das kostenorientierte Geschäftsprozeßmanagement, in: Kostenorientiertes Geschäftsprozeßmanagement, hrsg. von Berkau, Carsten/ Hirschmann, Petra, München 1996

TEMPELMEIER, Horst (1992): Material-Logistik: Grundlagen der Bedarfs- und Losgrößenplanung in PPS-Systemen, 2. Auflage, Berlin/Heidelberg 1992

THEUVSEN, Ludwig (1996): Business Reengineering: Möglichkeiten einer prozeßorientierten Organisationsgestaltung, in: Zeitung für Betriebswirtschaft (48), 1 / 1996

VAHRENKAMP, Richard (1996): Produktions- und Logistikmanagement, 2. Auflage, München, Wien 1996

WENZEL, Paul (1995): Betriebswirtschaftliche Anwendungen des integrierten Systems SAP-R/3, hrsg. von Wenzel, Paul, Braunschweig/Wiesbaden 1995

WINTERS, Peter (1960): Forecasting sales by exponentially weighted moving averages, in: Management Science Volume 6, 1960, hrsg. vom Institute of Management Sciences, Maryland 1960

WIRTZ, Bernd (1996): Business Reengineering – Erfolgsdeterminanten, Probleme und Auswirkungen eines neuen Reorganisationsansatzes, in: Zeitschrift für Betriebswirtschaft (48), 11 / 1996

ZEIGERMANN, Jürgen (1970): Elektronische Datenverarbeitung in der Materialwirtschaft, Stuttgart u.a. 1970

VIII. EIDESSTATTLICHE ERKLÄRUNG

Hiermit erkläre ich, Robert Knop, an Eides statt, daß ich die vorliegende Diplomarbeit selbständig und ohne Benutzung anderer als der angegebenen Quellen und Hilfsmittel angefertigt und alle Ausführungen, die wörtlich oder sinngemäß übernommen wurden, als solche gekennzeichnet habe. Diese Diplomarbeit wurde in gleicher oder ähnlicher Form noch keiner anderen Prüfungsbehörde vorgelegt.

Passau, den 23.02.1998

R. Knop
_____
Unterschrift

Wissensquellen gewinnbringend nutzen

Qualität, Praxisrelevanz und Aktualität zeichnen unsere Studien aus. Wir bieten Ihnen im Auftrag unserer Autorinnen und Autoren Wirtschaftsstudien und wissenschaftliche Abschlussarbeiten – Dissertationen, Diplomarbeiten, Magisterarbeiten, Staatsexamensarbeiten und Studienarbeiten zum Kauf. Sie wurden an deutschen Universitäten, Fachhochschulen, Akademien oder vergleichbaren Institutionen der Europäischen Union geschrieben. Der Notendurchschnitt liegt bei 1,5.

Wettbewerbsvorteile verschaffen – Vergleichen Sie den Preis unserer Studien mit den Honoraren externer Berater. Um dieses Wissen selbst zusammenzutragen, müssten Sie viel Zeit und Geld aufbringen.

http://www.diplom.de bietet Ihnen unser vollständiges Lieferprogramm mit mehreren tausend Studien im Internet. Neben dem Online-Katalog und der Online-Suchmaschine für Ihre Recherche steht Ihnen auch eine Online-Bestellfunktion zur Verfügung. Inhaltliche Zusammenfassungen und Inhaltsverzeichnisse zu jeder Studie sind im Internet einsehbar.

Individueller Service – Gerne senden wir Ihnen auch unseren Papierkatalog zu. Bitte fordern Sie Ihr individuelles Exemplar bei uns an. Für Fragen, Anregungen und individuelle Anfragen stehen wir Ihnen gerne zur Verfügung. Wir freuen uns auf eine gute Zusammenarbeit.

Ihr Team der Diplomarbeiten Agentur

Diplomica GmbH
Hermannstal 119 k
22119 Hamburg

Fon: 040 / 655 99 20
Fax: 040 / 655 99 222

agentur@diplom.de
www.diplom.de

www.ingramcontent.com/pod-product-compliance
Lightning Source LLC
LaVergne TN
LVHW092335060326
832902LV00008B/652